THÈSE

POUR

LE DOCTORAT

DE JURE DISTRAHENDI PIGNORIS

EN DROIT ROMAIN

—

DU CLASSEMENT DES PRIVILÈGES

EN DROIT FRANÇAIS

PAR

WILLIAM-PATRICK DE KEATING

AVOCAT

DOCTEUR EN DROIT

AIX

IMPRIMERIE ET LIBRAIRIE ACHILLE MAKAIRE

2, rue Thiers, 2

1883

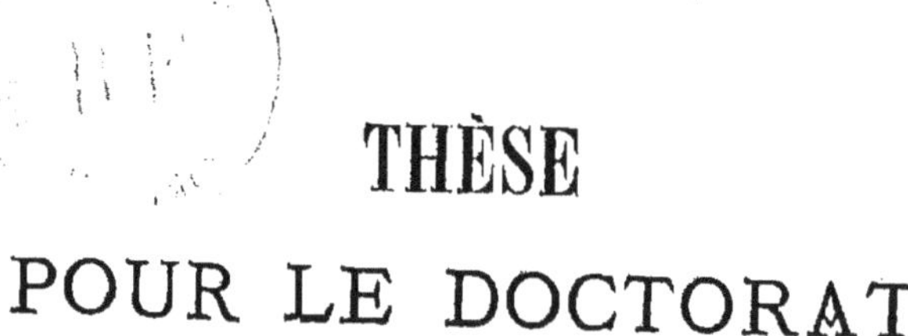

THÈSE
POUR LE DOCTORAT

THÈSE

POUR

LE DOCTORAT

DE JURE DISTRAHENDI PIGNORIS

EN DROIT ROMAIN

—

DU CLASSEMENT DES PRIVILÈGES

EN DROIT FRANÇAIS

PAR

WILLIAM-PATRICK DE KEATING

AVOCAT

DOCTEUR EN DROIT

AIX

IMPRIMERIE ET LIBRAIRIE ACHILLE MAKAIRE

2, rue Thiers, 2

—

1883

A MON COUSIN

SIR HENRY KEATING

Conseiller privé de Sa Majesté la Reine d'Angleterre

DROIT ROMAIN

DE JURE DISTRAHENDI PIGNORIS

Nous diviserons notre dissertation en deux parties :

La première sera consacrée à l'étude des origines de l'hypothèque en Droit Romain.

La seconde contiendra l'explication des textes relatifs au *jus distrahendi pignoris*.

PREMIÈRE PARTIE

DES ORIGINES DE L'HYPOTHÈQUE

Lorsque l'on recherche les origine de l'hypothèque, ou du *jus vendendi* qui en est l'essence, l'on peut distinguer trois périodes :

1° Le *pactum fiduciæ*.
2° Le *pignus*.
3° L'hypothèque.

CHAPITRE PREMIER

Du Pactum fiduciæ

Une table de bronze, trouvée en 1867 près de San Lucar de Barrameda, à l'embouchure du Guadalquivir, et relatant une translation de propriété, accompagnée d'un *pactum fiduciæ*, est venue trancher une question litigieuse.

On se demandait si le pacte de fiducie faisait partie ou non de la *mancipatio* ou de l'*in jure cessio*.

La table de Barrameda prouve que le *pactum fiduciæ* n'était pas compris dans la formule de la *mancipatio* ou de l'*in jure cessio*.

Ainsi donc celui qui empruntait et voulait donner un gage au créancier, lui transférait la propriété d'un meuble ou d'un immeuble, au moyen d'une vente fictive dans la solennité *per æs et libram*, ou d'un procès fictif, — simulacre du *sacramentum* en matière réelle, — dans l'*in jure cessio*.

La *mancipatio* ou l'*in jure cessio* était accompagnée de cette clause (*eâ lege*) : que la propriété serait retransférée au débiteur, aussitôt que ce dernier aurait satisfsfait le créancier.

C'était l'objet du pacte du fiducie adjoint à l'acte solennel.

Dans cette première phase, le créancier étant propriétaire, avait sans aucun doute le droit de vendre.

Mais il était utile d'ajouter au pacte de fiducie le *pactum de vendendo*.

Ce pacte n'avait pas pour objet de permettre au créancier de vendre. — Ce droit il l'avait comme tout propriétaire. — Mais en vendant, sans qu'une clause le lui permit, il se mettait dans la position du vendeur qui, restant propriétaire jusqu'à la tradition, vend une seconde fois. Une action en dommages-intérêts sanctionnait cette défense : là c'était l'action *empti*. Ici c'est l'action *fiduciæ directa*.

En effet le débiteur pouvait à tout moment reprendre sa chose, en soldant ce qu'il devait.

Pour s'expliquer cela, il faut remarquer qu'après avoir

laissé sans doute à l'origine le débiteur à la discrétion absolue du créancier, devenu propriétaire, le pacte de fiducie avait été élevé, de très-bonne heure probablement, au rang de contrat. Et deux actions de bonne foi, avec ces mots caractéristiques : *uti inter bonos bene agier oportet*, en découlaient.

C'était un contrat synallagmatique imparfait, à la façon du *commodat*, du dépôt, du gage et du mandat, puisque une action directe et une action contraire en résultaient.

Mais comme le pacte *de vendendo* était très-usité, on finit par le sous-entendre dans le contrat de fiducie, justement parce qu'il s'agit d'un contrat de bonne foi.

Or il était reçu que : *ea quæ sunt moris et consuetudinis in bonæ fidei contractibus insunt.*

On alla plus loin : le pacte *ne vendere liceat* ne fit plus qu'obliger le créancier à faire une dénonciation au débiteur, de manière à ce que celui-ci pût, en le désintéressant, reprendre son bien et en empêcher ainsi la vente.

« Si inter creditorem et debitorem convenerit ut *fiduciam* sibi vendere non liceat, non solvente debitore, creditor denuntiare ei solemniter potest et distrahere ; nec enim ex tali conventione fiduciæ actio nasci potest. » (Paul, S. R. II, XIII § 5).

La partie finale de ce texte signifie que par l'action *directa fiduciæ*, le débiteur ne pourrait faire exécuter le pacte *ne vendere liceat*, en d'autres termes que cette clause n'est pas valable.

CHAPITRE II

Du pignus

Le *pignus* à l'origine ne fut qu'un simple fait dont les lois ne s'occupaient pas.

Quand il s'agissait de créances de peu d'importance, ou bien lorsqu'on voulait donner en gage des meubles, on ne recourait pas aux solennités de la *mancipatio* ou de l'*in jure cessio* fiduciaire. On se contentait de remettre au créancier un objet. Sa garantie consistait dans un droit de rétention sur cet objet.

Pour recouvrer sa chose, le débiteur n'avait que la *rei vindicatio*. — De bonne heure sans doute, le Préteur donna au créancier gagiste une exception, lui permettant de garder la possession de l'objet jusqu'à ce qu'il ait été payé.

Le créancier n'avait pas le droit d'user de la chose, encore moins celui de vendre ; dans le premier cas il commettait un *furtum usus*, dans le second un *furtum rei*.

Ce n'est pas à dire qu'il ne pût pas cueillir les fruits, s'il s'agissait d'un fonds engagé. Il devait le faire car la conservation de la récolte intéressait non-seulement lui créancier, mais encore le débiteur. Sa négligence sur ce point engageait sa responsabilité.

Plus tard, le *pactum de pignore* fut transformé en un contrat de bonne foi, et engendra les actions *pigneratitia directa et contraria*, actions personnelles.

Dès lors le débiteur n'avait plus besoin, une fois le créancier désintéressé, de prouver sa qualité de propriétaire pour reprendre sa chose, ainsi qu'il y était obligé dans l'action en revendication. D'autre part le créancier gagiste n'était plus réduit à l'exception de dol pour recouvrer ses dépenses. Il avait l'action *pigneratitia contraria*.

Mais outre cette action personnelle, le créancier gagiste avait un droit réel : le *jus pignoris*, aboutissant à un droit de suite (*pignoris vindicatio*), et à un droit de préférence.

Le *jus pignoris* appartenait également au créancier hypothécaire, puisque, d'assez bonne heure, l'on pût dire du gage et de l'hypothèque : qu'il n'y avait entre eux qu'une différence de nom. Toute constitution de gage emportait une hypothèque, comme toute constitution d'hypothèque emportait une constitution de gage.

Quant à ce qui concerne le droit de vendre du créancier gagiste, nous rencontrons ici une marche semblable à celle que nous avons observée en matière de fiducie :

Le *pactum de vendendo* était usité en cette matière. Aussi finit-il par être sous-entendu dans le contrat de gage, qui est un contrat de bonne foi.

Seulement lorsque la clause permettant la vente n'avait pas été ajoutée au contrat, le créancier devait faire une triple dénonciation au débiteur.

Dans la suite on ne tint pas compte d'une défense expresse de vendre : le droit de vendre devint de l'*essence du gage*.

Néanmoins le créancier devait adresser une triple dénonciation au débiteur, sous peine d'être réputé voleur.

Mais au cas où la convention gardait le silence, nous nous trouvons en présence de deux avis différents, relatés dans les deux textes qui vont suivre, l'un de Paul et l'autre d'Ulpien :

« Creditor si simpliciter sibi pignus depositum distrahere velit, ter ante denuntiare debitori suo debet ut pignus luat, ne a se distrahatur » (Paul : S. R. II, V § 1)

Simpliciter signifie : sans qu'il y ait eu pacte exprès sur le *jus vendendi*.

« Et si non convenerit de distrahendo pignore, hoc tamen jure utimur ut liceat distrahere, si modo non convenit ne liceat. Ubi vero convenit ne distraheretur, creditor, si distraxerit, furti obligatur nisi ei ter fuerit denunciatum ut solvat, et cessaverit. » (Ulp. Dig. XIII, 7 Loi 4).

Ainsi, suivant Paul, si le créancier veut vendre un objet déposé en gage chez lui, lors même que la convention garde le silence sur le *jus vendendi*, le créancier doit faire au débiteur une triple sommation d'avoir à payer, s'il veut empêcher la vente.

D'après Ulpien, au contraire, ce n'est que quand il a été convenu que le créancier ne pourrait vendre, que ce créancier doit faire au débiteur la triple dénonciation. A défaut de cette formalité, la vente n'en est pas moins valable, mais le créancier sera traité comme coupable de *furtum*.

L'opinion d'Ulpien, confirmée par un rescrit de Gordien (au Code VIII, 28, Loi 7), l'a sans doute emporté sur celle de Paul, puisqu'elle est mentionnée dans la compilation de Justinien, tandis que celle de Paul n'y figure pas.

Si maintenant nous recherchons ce qui différenciait le contrat de fiducie du contrat de gage, nous remarquons que celui qui aliénait *contractu fiducia* n'était pas obligé de transférer la possession.

La garantie du créancier consistait dans le transfert de la propriété, ce qui lui permettait de revendiquer le bien envers tous, et d'autre part empêchait le débiteur, resté en possession, de consentir des droits réels.

Au contraire dans le gage il était essentiel que la possession fut transférée au créancier, (du moins à l'origine, car plus tard le débiteur pût détenir le gage comme précariste ou comme locataire).

C'était là sa sureté, car le débiteur, demeurant propriétaire, pourrait aliéner ou grever la chose de droits réels. La possession du créancier gagiste le mettait à l'abri de toute éviction partielle ou totale, pourvu que bien entendu son droit fut antérieur.

Aussi les immeubles faisaient-ils ordinairement l'objet d'un *pactum fiduciæ*, et les meubles celui d'un *pactum pignoris*, parceque l'on pouvait *manciper* ou *céder in jure* un immeuble *sans le posséder*, tandis que pour aliéner un meuble, fût-ce par *mancipatio* ou *cessio in jure*, la *possession était nécessaire*.

CHAPITRE III.

De L'Hypothèque.

L'hypothèque, suivant les uns, a sa source dans la *subsignatio prædiorum*.

La *subsignatio prædiorum* consistait en une déclaration écrite sur un registre public, émanée de celui qui s'engageait envers l'Etat, et signée de lui. Les biens ainsi donnés en garantie à l'Etat, *sans qu'il y eut dépossession du propriétaire contractant*, ces biens s'appelaient *prædia subsignata*. Avant la *subsignatio* qui les grevait d'un droit réel au profit de l'Etat, le magistrat faisait une enquête. Les immeubles proposés sont-ils d'une valeur suffisante? Remplissent-ils les conditions voulues?

Ajoutons que celui qui traitait ainsi avec l'Etat devait fournir en sus des *cognitores*, cautions garantissant tant sa qualité de propriétaire que la valeur vénale par lui attribuée aux biens qu'il proposait à l'Etat, comme première garantie de sa solvabilité.

L'hypothèque, du mot grec ὑποθήκη, ne serait dans ce système *qu'un mot nouveau pour désigner une chose déjà vieille*. On l'aurait connue à Rome vers le VIe siècle sous le nom de *pignus oppositum*, par opposition au *pignus depositum*, qui désignait le gage.

On en peut trouver la preuve dans la littérature de l'époque, et principalement dans les vers suivants de Catulle :

> Furi, villula nostra non ad Austri
> Flatus *opposita est*, nec ad Favoni,
> Nec sævi Boreæ, aut Apeliotæ,
> Verum ad millia quindecim et ducentos :
> O ventum horribilem, atque pestilentem !

Suivant d'autres, l'hypothèque est d'origine grecque, et ne fut introduite à Rome qu'assez tard, vers le second siècle de l'ère chrétienne.

On invoque en faveur de cette opinion l'autorité de Cicéron qui, voulant parler de l'hypothèque, se sert dans deux passages de l'expression grecque, ce qui ferait croire qu'à son époque, c'est-à-dire vers la fin de la République, l'hypothèque n'était pas connue à Rome.

« Quæres scilicet, ut soles κατὰ τὸ κηδεμονικόν, et ad me ab eo quasi ὑποθήκας afferes, quemadmodum me geram. » (Cicero ad Atticum, II, 17).

L'expression grecque κατὰ τὸ κηδεμονικόν signifie avec prudence.

Le second passage est plus souvent cité, étant plus important :

« Pilotes Alabadensis ὑποθήκας Cluvio dedit. Hæ commissæ sunt. Velim cures ut ant hypothecis decedat, easque procuratoribus Cluvii tradat, aut pecuniam solvat. » (Cicero, ad Familiares, XIII, 56).

Sur ce dernier texte , observons que Cicéron , étant alors préteur en Cilicie dans l'Asie-Mineure, il n'est pas surprenant qu'il se serve d'expressions grecques, puisqu'il parle d'une contrée où la langue grecque était usitée, et que d'autre part il s'agissait de co-contractants grecs.

D'ailleurs personne à Rome plus que Cicéron n'avait l'amour des citations grecques, alors même que le latin eût exprimé aussi bien sa pensée.

Ces deux textes ne sont donc pas concluants.

Mais si cette seconde opinion est la vraie, on peut s'étonner que les Romains n'aient pas pris cette institution avec le système de publicité qui l'entourait en Grèce et qui le vivifiait.

Un régime hypothécaire occulte altère, en effet. singulièrement le crédit.

Que les Romains aient laissé de côté les ὅροι, ces poteaux indicateurs des hypothèques grevant un fonds , système primitif mais énergique, soit. Mais il semble qu'ils auraient dû garder au moins l'idée de la publicité , principe nécessaire pour que les hypothèques atteignent leur but : développer le crédit.

Quoiqu'il en soit, l'hypothèque à Rome a été règlementée par le droit prétorien.

Créée d'abord en faveur du propriétaire d'un fonds rural, pour lui permettre de rechercher jusque dans les mains des tiers les biens que le fermier avait apportés sur le fonds (*quæ importata, invecta, inducta, ibi nata factave*), et qu'il avait hypothéqués pour garantir le paiement des redevances, (*pro mercede fundi*), l'action Servienne fut ensuite généralisée et prit le nom d'action quasi-Servienne ou hypothécaire.

Mais, tandis que les meubles, bestiaux et ustensiles aratoires n'étaient frappés par l'hypothèque qu'au moment de leur introduction sur le fonds, désormais une simple convention suffit pour transférer à un créancier le triple droit de préférence, de suite et de vente. Un droit réel naissait d'une simple convention, et encore d'une convention que ne reconnaissait point le droit civil.

DEUXIÈME PARTIE

DE JURE DISTRAHENDI PIGNORIS

Nous entrons ici dans le vif de la matière. Mais à l'inverse de ce qui a été fait pour la première partie, nous ne diviserons point par chapitre les explications suivantes, à cause de l'enchaînement des idées.

Le livre XX, titre 5 : *De distractione pignorum et hypothecarum*, au Digeste, et le livre VIII, titre 28 : *De distractione pignorum*, au Code, sont les principaux textes qui s'occupent de l'objet de notre étude : *le droit de vente en matière hypothécaire à Rome*, ou, si l'on préfère, la *réalisation du gage*.

Le droit de vendre est *l'essence* du droit hypothécaire.

Lorsque vous en étudiez les diverses phases : — clause expresse, nécessaire à l'origine, sous-entendue ensuite, enfin devenue de style et même d'ordre public, puisque la clause contraire n'a plus qu'un effet : soumettre le créancier à la formalité d'une triple dénonciation, vous étudiez simultanément et forcément l'historique du gage et de l'hypothèque, de ces deux droits accessoires dont on a pu dire, dès une certaine époque, qu'ils ne différaient que de nom.

L'histoire de l'un est l'histoire de l'autre.

Quelle sérieuse garantie procurerait soit le gage, soit l'hypothèque, si le créancier non payé n'avait pas le droit de vendre ?

Le débiteur, soit parcequ'il n'a pas d'autres ressources, soit parcequ'il ne tient pas à récupérer la possession de l'objet engagé, le laisserait chez le créancier ; et celui-ci n'aurait aucun moyen de recouvrer ce qui lui est dû.

Qui plus est, le gage peut dépérir, les occasions favorables pour la vente disparaître ; et, en résumé, le créancier comme le débiteur souffriraient de cette inaction forcée.

Aussi les Romains, dont l'esprit pratique se développait à mesure que les relations commerciales s'étendaient et que le besoin de crédit se faisait plus vivement sentir, les Romains comprirent l'importance du droit de vendre le gage et le concédèrent au créancier gagiste, sans que les parties pussent convenir du contraire.

Le droit de vendre n'appartient qu'au créancier hypothécaire ou gagiste premier en rang.

C'est lui seul qui en vendant met son acheteur à l'abri de toute éviction de la part des créanciers postérieurs en rang.

Ce droit il peut l'exercer par lui même ou par mandataire.

Le mandat général d'administrer les biens du créancier suffit-il ?

Ne faut-il pas de plus un mandat spécial ?

Le texte suivant de Gaïus paraît bien décider que le *procurator omnium bonorum* ne peut vendre valablement, à moins d'avoir reçu un mandat spécial :

« Videbimus, si procurator omnium bonorum consensit, vel servus actor, cui et solvi potest, et in id positus est : an teneat consensus eorum ? Et dicendum est non posse : *nisi specialiter hoc eis mandatum est* » (Dig. xx, 6 — Loi 7, § 1).

On peut expliquer ce texte en l'appliquant au cas où il a été convenu que ce serait le *créancier en personne* qui procèderait à la vente.

Dans cette hypothèse, si le créancier veut faire vendre par son *procurator omnium bonorum*, il devra lui conférer des pouvoirs spéciaux.

Mais ne peut-il se rencontrer un obstacle à ce droit de vendre du créancier gagiste ou hypothécaire ?

S'il s'agit d'un fonds dotal, lequel, depuis la loi Julia, rendue sous Auguste en 736 ou 737, ne peut-être aliéné sans le consentement de la femme — bien que le mari fut toujours considéré comme le *dominus dotis* — lequel sous Justinien est devenu tout à fait inaliénable, que devient le droit de vendre du créancier ayant hypothèque sur ce fonds ou le possédant comme gagiste ?

Bien entendu nous supposons que l'hypothèque a été constituée avant le mariage, que le droit de gage a pris naissance avant la même époque. Sinon la nullité les frapperait l'un et l'autre : — sous Auguste, lorsque la femme n'aura pas consenti ; sous Justinien, alors même qu'elle aurait donné son approbation.

Dans cette hypothèse, le créancier gagiste ou hypothécaire conserve-t-il le droit de vendre ?

Lisons le texte suivant :

« Interdum lex Julia de fundo dotali cessat, si ob id, quod maritus damni infecti non cavebat, missus sit vicinus in possessionem dotalis prædii, deinde jussus sit possidere: hic enim dominus vicinus fit, *quia hæc alienatio non est voluntaria* » (Dig. XXIII, 5. Loi 1 pr.)

Ainsi donc la loi Julia, qui défendait l'aliénation du fonds dotal lorsque la femme n'y consentait pas, cette loi ne s'appliquait pas au cas d'*aliénation nécessaire.*

Or quand un créancier, usant d'un droit acquis, veut vendre le fonds qui lui a été hypothéqué ou remis en gage, alors qu'il n'était pas encore devenu dotal, n'est-ce pas un cas d'aliénation nécessaire, dans le sens que développe le texte précité ?

Donc, généralisant la décision de ce texte, nous en conclurons que l'hypothèque, consentie avant le mariage, ou le gage, constitué avant la même époque, conservera au créancier hypothécaire ou gagiste son droit de vendre, nonobstant le mariage subséquent de la femme qui a constitué en dot le fond déjà grevé de leur droit : *quia hæc alienatio non est voluntaria.*

Nous trouvons une décision semblable dans l'*oratio Severi, sénatus-consulte*, rendu sur la proposition de Septime Sévère et prohibant en principe l'aliénation des *prædi rustica vel suburbana*, appartenant à des personnes en tutelle ou en curatelle.

Constantin étendit cette règle aux *prædia urbana* et à certains meubles précieux.

Après avoir prononcé l'interdiction de la vente en ces termes : *Interdicam tutoribus et curatoribus ne prædia rustica vel suburbana distrahent*, l'empereur énumère les exceptions qu'il apporte à sa décision, et termine par cette phrase qui nous concerne :

« Si communis res erit, et socius ad divisionem provocet ; *aut si creditor, qui pignori agrum a parente pupilli acceperit, jus exequetur : nihil novandum censeo* » (Dig. XXVII 9. Loi 1, § 5).

Ainsi donc dans cette hypothèse, où le bien qui appartient aujourd'hui à une personne en tutelle ou en curatelle, a été auparavant hypothéqué, le *jus vendendi* est conservé au créancier hypothécaire.

C'est le même principe qui a inspiré le législateur, lorsqu'il a permis l'aliénation par le créancier hypothécaire ou gagiste d'un fonds, grevé de l'hypothèque ou constitué en gage, avant qu'il fut devenu dotal.

Dans les deux cas le droit de vendre est conservé : *quia hæc alienatio non est voluntaria.*

Pour terminer cette énumération des personnes qui peuvent vendre le bien hypothéqué ou engagé, ajoutons que le tuteur a le pouvoir d'aliéner le bien hypothéqué ou constitué en gage, comme garantie d'une créance appartenant au pupille, ainsi que le montre le texte suivant :

« Si fundus pupillo pigneratus sit, an vendere tutores : hunc enin quasi debitoris, hoc est, *alienum* vendunt — Si tamen impetraverat pupillus, vel pater ejus, ut jure dominii possiderant, consequens erit dicere non posse distrahi, *quasi prædium pupillare.* — Idemque et si fuerit ex causâ damni infecti jussus possidere ». (Dig. XXVII, 9. Loi 8, §5).

Le texte distingue donc l'aliénation du *fonds d'autru*, affecté à la créance non payée du pupille, ou en possession duquel le pupille a été envoyé, sur le refus du propriétaire de donner la *cautio damni infecti*, — auquel cas la vente est permise au tuteur, administrateur de la fortune du pupille, — le texte distingue cette aliénation de celle d'un fonds *appartenant au pupille*, — auquel cas il est défendu au tuteur de vendre, parceque cet acte dépasse les limites d'une large administration.

En généralisant ce que cette loi décide à propos d'un mandataire légal, comme le tuteur, nous en conclurons, que tout autre mandataire légal pourra vendre le bien, hypothéqué ou remis en gage, comme garantie de la créance appartenant à celui dont il doit gérer le patrimoine.

La base de la décision du texte précité n'est-elle pas cette règle, que l'accessoire suit le principal ?

Or le mandataire en question peut disposer du principal,

ici recouvrer la créance ; il pourra donc disposer de l'accessoire, ici vendre le bien affecté au paiement de la créance dont le recouvrement est à sa charge.

Nous venons de voir qui peut vendre le bien grevé d'hypothèque ou remis en gage.

Examinons s'il n'est pas d'autres conditions mises à l'exercice du *jus distrahendi pignoris* :

Il faut que la dette soit exigible.

C'est une règle de bon sens, que le texte suivant de Pomponius indique implicitement, en donnant une solution au cas où il s'agit d'une créance fractionnée en plusieurs termes de paiement :

« Si annuâ, bimâ, trimâ die, triginta stipulatus, acceperit pignus, pactusque sim, ut, *nisi sua quâque die pecunia soluta esset,* vendere eam mihi liceret, placet, antequam omnium pensionum dies veniret, non posse me pignos vendere : quia eis verbis omnes pensiones demonstrarentur : nec verum est, suâ quâque die non solutam pecuniam, antequam omnes dies venirent ; sed omnibus pensionibus præteritis, etiam si una portio soluta non sit, pignus potest venire. Sed si ita scriptum sit, *si qua pecuniâ suâ die soluta non erit,* statim competit ei pacti conventio ». (Pomponius Dig. xiii, 7. Loi 8, § 3)

Hormis les deux hypothèses prévues par le texte, il n'y a pas de raison pour ne pas appliquer le principe, que nous avons posé ci-dessus à propos de créances ayant un terme unique ; et nous déciderons qu'il faudra attendre l'échéance de chaque terme avant de poursuivre son paiement sur le bien hypothéqué ou engagé.

L'hypothèque — et du gage on peut en dire autant — l'hypothèque, étant indivisible, assure le paiement de chaque fraction de la dette, comme elle assure le paiement de la dette entière :

Est tota in toto, et tota in quatibet parte.

L'action hypothécaire ne peut donc être exercée en principe avant l'échéance de chacune des fractions de la dette, s'il y a plusieurs termes, de même qu'elle ne peut-être exercée avant l'échéance du terme unique, lorsque la convention n'a pas fractionné le paiement.

Quant à la question de savoir si à l'échéance, le créancier hypothécaire ou gagiste peut agir aussitôt, où s'il ne doit pas au préalable sommer le débiteur de payer, s'il ne veut voir son bien vendu, cette question est très-controversée.

Les textes qui en parlent sont vagues.

Veulent-ils constater simplement un fait, un usage reçu ; ou veulent-ils indiquer une des obligations imposées au créancier gagiste ou hypothécaire ?

Grammatici certant, et adhuc sub judice lis est

Pour la négative on peut faire observer que la sommation de payer serait impossible, dans le cas où hypothèque aurait été constituée comme garantie d'une dette naturelle.

Comment alors parler d'une sommation, puisque le créancier n'a aucune action pour contraindre le débiteur ?

Il faut en second lieu, — autre condition mise à l'exercice du *jus distrahendi* — il faut que le paiement n'ait pas
été effectué, ce qui va de soi, ni qu'il ait été offert ?

Mais ne suffit-il pas que les deniers aient été offerts ?

Non. Il faut de plus qu'ils aient été consignés ; car jusque là l'offre n'est pas considérée comme sérieuse.

C'est ce que établissent deux constitutions de l'empereur
Gordien, toutes deux de l'année 240 et toutes deux insé-
rées au Code :

« Si priusquam distraheretur pignorata possessio, pecuniam creditori obtulisti, eoque non accipiente, factâ contes-
tatione eam deposuiti, et hodie (quoque) in eâdem causâ
permanet, pignoris distractio non valet. Quod si priusquam
offerres, legem venditionis exercuit, quod jure subsistit,
revocari non debet. » (Code, VIII, 28, Loi 8).

La seconde constitution développe le principe posé dans
la première :

« Debitoris denunciatio, qui creditori suo, ne sibi rem
pignori obligatam distrahat, vel his, qui ab eo volunt com-
parare, denunciat ; ita demum efficax est si universum tam
sortis, quam usurarum offerat debitum creditori : eoque
non accipiente, idoneâ fide probationis (ità ut oportet) depositum ostendat. Nam si vel modicum de sorte, vel usuris
in debito perseveret ; distractio rei obligatæ non potest
impediri, neque eâ ratione emptor, tametsi sciat interposi-
tam a debitore denunciationem, malæ fidei fit possessor. »
(Code VIII, 29. Loi 2).

La troisième condition, mise à l'exercice du *jus distrahendi pignoris*, est que le créancier gagiste ou hypothécaire fasse au débiteur une triple dénonciation, lorsqu'un pacte *de non vendendo* a été ajouté à la convention.

Hormis cette hypothèse, il est probable qu'une signification était nécessaire.

C'est du moins ce que fait conjecturer le texte suivant :

« *Debitores præsentes prius denunciationibus conveniendi sunt.* Igitur si conventi debito satis non fecerint, persequenti tibi pignora seu hypothecas, quas instrumento specialiter comprehensas esse dicis, competentibus actionibus rector provinciæ auctoritatis suæ auxilium impartiri non dubitabit. » (Code, VIII, 14. — Loi 10. Diocletien et Maximien, an 290).

Une constitution d'Alexandre Sévère de l'an 226, et qui forme au Code la loi 4 du titre 28, du livre VIII, décide que la vente doit être précédée d'affiches (*proscriptio*), et d'une notification de cette *proscriptio* au débiteur.

« Creditor hypothecas, sive pignus cum proscribit , notum debitori facere, et sibi bonâ fide rem gerere, et quando licet testato dicere deberet. Si quid itaque per fraudem in pignore villæ venditæ commissum probare potes, ut inferatur actio, quæ eo nomine competit, adi eum cujus de eâ re notio est. » (Code VIII, 28. — Loi 4).

Une fois écoulé le délai d'un an depuis cette *proscriptio* et cette notification (*annus luitionis*), le créancier s'adressait à l'empereur, qui lui permettait de posséder *jure dominii*.

« Igitur in pignoribus quæ jure dominii possidere aliquis cupiebat, proscriptio publica, et annus luitionis antiquitùs introducti sunt..... » (Code VIII, 34. — Loi 3 , pr. Just. 530).

Cette autorisation donnait au créancier l'*in bonis* et par conséquent le plaçait *in causa usucapiendi*, ce qui n'empêchait pas le débiteur de pouvoir en le désintéressant reprendre sa chose, tant que l'usacapion ne s'était pas accomplie. — L'*in bonis* en résultait , parce que une convention, d'origine prétorienne ne pouvait conférer le domaine quiritaire.

Ce droit accordé au débiteur de reprendre sa chose, même après la *dominii impetratio*, et tant que le délai de l'usucapion (un an ou deux ans) n'était pas expiré, ce droit résulte d'un texte de Tryphoninus, relatif à l'acquisition d'un trésor trouvé par le gagiste sur le fonds qui lui a été remis en gage.

« Quod si creditor invenerit : *in alieno* videbitur invenisse ; partem itaque sibi, partem debitori præstabit : nec recepta pecunia restituet, quod jure inventoris, non creditoris, ex thesauro apud eum permansit. Quæ cum ita sint, et cum ex principis auctoritate creditor ut proprium agrum tenere cœpit jure dominii ; intra constitum luendi tempus, (pignoris causa vertitur ; post transactum autem tempus thesaurum in eo invectum ante solutam pecuniam totum tenebit : oblato vero intra constitutum tempus debito), quoniam universa præstantur, atque in simplici petitore revocantur, restitui debet, sed pro parte sola ;

quia dimidium inventori semper placet relinqui. » (Dig. XLI, 1. — Loi 63, § 4, Tryphoninus).

Ainsi donc, tant que le gagiste conserve la possession, la moitié du trésor par lui trouvé dans le fonds engagé lui revient comme inventeur, l'autre moitié au débiteur, comme propriétaire.

Si dans la suite le gagiste obtient de l'empereur la propriété du bien engagé, et que le débiteur laisse passer le temps qui lui est donné pour désintéresser le créancier et reprendre son bien, c'est-à-dire le délai de l'usucapion — un an ou deux ans, suivant qu'il s'agissait de meubles ou d'immeubles, — ce créancier, étant devenu propriétaire définitif du fonds, le trésor en entier lui appartiendra.

Si au contraire, dans le délai voulu, le débiteur désintéresse le créancier et reprend son immeuble, il aura droit au trésor, mais à une partie seulement.

Une moitié en effet doit toujours être laissée au créancier, qui l'a découvert.

Il résulte bien de ce texte que pendant un certain temps celui qui suivra la *dominii impetratio* (*intra constitutum tempus* : — un an ou deux ans, suivant qu'il s'agit de meubles ou d'immeubles) le débiteur peut, en désintéressant le créancier, *oblato debito*, reprendre son bien.

Dès lors il aura droit à une partie du trésor trouvé sur le fonds dans ce délai.

C'est que le fonds lui aura appartenu durant ce temps sous une condition suspensive, aujourd'hui accomplie, et dès lors rétroagissant, tandis qu'auparavant il lui appartenait purement et simplement, la *dominii impetratio* n'ayant pas encore été accordée.

Il n'aura droit qu'à la moitié qui revient au propriétaire, puisque : *dimidium inventori semper placet relinqui.*

Si nous passons à l'époque de Justinien, nous constaterons en cette matière des innovations introduites dans une constitution de l'année 530.

Justinien d'abord nous apprend dans cette constitution que la pratique s'était affranchie de la formalité de la *proscriptio* :

« *Pignus autem publice proscriptum neque vidimus, neque (nisi tantummodo ex librorum recitatione) audivimus.* »

L'empereur change cette procédure :

Si les parties se sont expliquées sur la manière dont le gage sera vendu, leurs conventions feront loi

« *Sin autem nulla pactio intercesserit, licentia dabitur fœneratori ex denunciatione vel ex sententiâ judiciali, post biennium ex quo attestatio missa, vel sententia prolata est, numerandum, eam vendere.* »

Ainsi donc dénonciation au débiteur, ou jugement obtenu contre lui, puis expiration d'un délai de deux ans.

Alors seulement, il sera permis au créancier de vendre.

S'il ne se présente pas d'acquéreur, avant de s'adresser à l'empereur, le créancier procédera comme il suit :

Si le débiteur est présent, une dénonciation lui sera faite. S'il est absent, le créancier fera déterminer par le magistrat le temps qu'il faudra consacrer à sa recherche.

Trouve-t-on le débiteur dans ce délai ?

On l'oblige à payer ce qu'il doit pour récupérer le bien qu'il a remis en gage ou qu'il a grevé d'une hypothèque, devenue exigible et par là transformée en une constitution de gage.

Faute de trouver le débiteur dans le délai indiqué, le magistrat fixera un autre délai, pour permettre au débiteur absent de payer sa dette et libérer son bien du droit de gage ou d'hypothèque qui le grevait.

Le délai expiré sans que le débiteur ait pu être trouvé, ou sans qu'il ait voulu s'acquitter de sa dette intégralement,

« tunc creditor adeat *culmen principale* (l'empereur !) et precibus porrectis, jure dominii *a nostra serenitate* habere eamdem expetat, habeatque *ex divino oraculo* ea in suo dominio. »

C'est le domaine quiritaire, la propriété même de la chose que le créancier acquiert, et non plus comme auparavant le domaine bonitaire, conduisant seulement à l'usucapion. — D'ailleurs le domaine bonitaire a disparu sous Justinien, et s'est confondu avec le domaine quiritaire, par la décision même de ce prince.

Cependant le débiteur conserve pendant deux ans encore la faculté de reprendre sa chose en offrant au créancier, avec le principal de la dette, les intérêts et la valeur estimative du préjudice, que lui a causé ce retard dans le paiement (*damnis vitio ejus creditori illatis*).

C'est le créancier qui fixera sous serment le montant de l'indemnité qui lui est due.

« Sin autem biennium fuerit elapsum, plenissime habeat rem creditor, idemque dominus jam irrevocabilem factam. »

Si le bien hypothéqué ou constitué en gage est d'une valeur inférieure au montant de la dette, le créancier gagiste ou hypothécaire conserve sa créance pour l'excédant.

Dans le cas contraire, le débiteur a droit à l'hyperocha, c'est-à-dire ce qui reste de la valeur de la chose après l'extinction de la créance.

Pour éviter toute difficulté, l'empereur permet au créancier gagiste ou hypothécaire, devenu propriétaire, d'offrir *cum competenti cautela in eum exponenda*, l'estimation du superflu au débiteur, ou au créancier dudit débiteur.

Cette estimation sera faite par le magistrat, ainsi que l'atteste la partie finale de la constitution que nous analysons.

Si, au contraire, le créancier gagiste ou hypothécaire, après qu'il a commencé à posséder *jure dominii* l'objet qui lui a été donné en gage ou hypothéqué, préfère ensuite vendre, il est libre de le faire, sauf à tenir compte au débiteur de l'excédant du prix de vente sur la dette.

Mais il est évident que l'empereur suppose ce créancier encore dans le délai de deux ans qui suit la *dominii impetratio* ; alors que le débiteur, propriétaire sous condition suspensive, peut reprendre le bien en désintéressant son créancier.

En effet, une fois expiré ce délai de deux ans *ex dominii impetratione*, le créancier gagiste ou hypothécaire devient *propriétaire définitif*. Dès lors, s'il vend la chose, le prix lui reste intégralement, quand même il excèderait le montant de la dette, qui a été l'occasion du gage ou de l'hypothèque.

Le débiteur allègue-t-il que la vente a été entachée de fraude ?

Il suffira au créancier de jurer :

« Tanti vendiderit rem, quanti potuerit venire. »

De même s'il jure que le prix n'a pas suffi pour le désintéresser, son serment lui permettra de conserver sa créance pour l'excédant. (Constitution de Just. de l'an 530 au Code VIII, 54, Loi 3).

Nous avons vu qui peut vendre la chose hypothéquée, et à quelles conditions la vente du *pignus* était soumise.

N'est-il pas une autre limite imposée au *jus vendendi* du créancier gagiste ou hypothécaire ?

Ne faut-il pas qu'il ait la possession de la chose ?

D'un texte de Paul il ressort que le créancier peut vendre sans avoir la possession :

« Creditor, qui *jure suo* pignus distrahit, jus suum cedere debet : et, *si pignus possidet*, tradere utique debet possessionem ». (Dig. XX, 5, Loi 15).

Ainsi le texte *in fine* suppose que le créancier est en possession. C'est donc que cette possession n'est pas obligatoire.

Mais alors, s'il ne possède pas ?

Jus suum cedere debet.

C'est l'obligation que la première partie de la loi lui impose.

Mais toute personne peut-elle acheter le *pignus* mis en vente par le créancier gagiste ou hypothécaire ?

D'abord le créancier vendeur peut-il acquérir ce bien qu'il met en vente ?

Il ne le peut pas, parceque, comme acheteur, son intérêt est d'acheter au plus bas prix, tandis que la bonne foi, qui préside aux relations du gagiste et du débiteur, l'oblige à vendre le plus haut prix possible.

Or dans cette lutte entre l'intérêt et le devoir, il serait à craindre que l'intérêt l'emportât sur le devoir.

Puis comment peut-on se trouver à la fois vendeur et acheteur ?

Cette défense faite au créancier d'acheter l'objet, qui lui a été remis en gage, ou qui est grevé de son droit d'hypothèque, cette défense est implicitement contenue dans le fragment suivant de Paul, lequel montre en même temps quelle en est la sanction :

« Si per suppositam personam creditor pignus suum *invito debitore* comparaverit, emptio non videtur, et *ideo quan-*

doque lui potest : ex hoc enim causa pignoris vel *fiduciæ* finiri non potest ». (Paul S. R. II, xiii, § 4).

Quant à l'objet, dont la propriété a été transférée au au créancier *contractá fiducia*, il est une bonne raison pour que le créancier ne puisse l'acheter : c'est qu'il en est déjà propriétaire.

Cette interdiction adressée au créancier d'acquérir le gage, lorsqu'il le met lui même en vente, ne l'empêche pas de l'*acheter directement du débiteur*, demeuré propriétaire.

Les rôles de vendeur et d'acheteur sont alors séparés, ce qui fait disparaître l'objection soulevée plus haut, à savoir que la même personne ne peut-être à la fois alienatur et acquéreur.

Le *principium* d'un fragment de Tryphonius au Digeste établit clairement ce droit pour le créancier d'acheter directement du débiteur le bien affecté au paiement de sa créance :

« Rescriptum est ab imperatore, libellos agente Papiniano, *creditorem a debitore pignus emere posse : quia in dominio manet debitoris* » (Dig. xx, 5. Loi 12 pr.)

Si c'est le créancier, deuxième en rang ou d'un rang postérieur, qui achéte le bien vendu par le *prior*, qu'en adviendra-t-il ?

Lisons le fragment suivant de Modestin, qui forme au Digeste la loi 6 du livre xx, titre 5 :

« Cùm posterior creditor a priore pignus emit, *non tam adquirendi dominii, quam servandi pignoris sui causá intelli-*

gitur pecuniam dedisse : et ideo offerri ei a debitore potest.»

Pour donner un intérêt à la question, il faut supposer le bien d'une valeur supérieure à ce qui est dû au créancier acquéreur, qui néanmoins l'a obtenu pour un prix ne dépassant pas le montant de sa créance.

Dans cette circonstance il ne serait pas équitable que le créancier fît un gain au détriment du débiteur.

Qu'il reçoive son dû, ce n'est que justice. Mais qu'il ne perçoive rien au delà.

S'il a été lésé, on l'indemnisera. Mais il ne doit pas *à priori*, garder l'excédant de la valeur du bien sur le montant de sa créance.

Que dirons-nous du fidéjusseur ?

S'il achète le bien, en restera-t-il possesseur ?

Le texte suivant répond à la question :

« Fidejussor conventus, officio judicis adsecutus est, ut emptionis titulo prædium creditori datum susciperet : nihilominus alteri creditori, qui postea sub eodem pignore contraxit, offerendæ pecuniæ, quam fidejussor dependit, cum usuris medii temporis, facultas erit : *nam hujusmodi venditio transferendi pignoris causâ, necessitate juris fieri solet.*» (Dig. XX, 5, Loi 2. Papinien).

Ce que le texte dit d'un créancier postérieur, il faut également l'appliquer au débiteur, car les raisons que nous avons exposées ci-dessus en faveur du *jus offerendi* exercé par le débiteur contre le créancier acquéreur, peuvent s'appliquer ici.

Il y a même un *à fortiori*, car tandis que le prêteur de deniers agit dans son intérêt en plaçant son argent, la caution intervient dans l'intérêt du débiteur. Elle ne spécule pas, elle veut rendre un service.

Qu'elle n'en éprouve pas de préjudice, rien de mieux. Mais qu'elle s'enrichisse aux dépens de celui qu'elle a voulu obliger, l'équité s'y oppose.

D'ailleurs il est un texte qui, à propos du *jus offerendi* dirigé contre le créancier gagiste ou hypothécaire d'un rang postérieur ou contre la caution, en parle d'une manière générale , sans désigner la personne qui exercera ce droit :

« Si secundus creditor, vel fidejussor, solutâ pecuniâ, pignora susceperint, *recte eis offertur*, quamvis emptionis titulo ea tenuerunt. » (Dig. xx, 5. Loi 5 § 1).

Le débiteur pourra donc par le *jus offerendi pecuniæ* reprendre le bien à la caution qui l'a acquis, aussi bien qu'il le pourrait, si l'acheteur était le créancier postérieur.

Cette phrase *recte eis offertur* désigne en effet aussi bien le débiteur exerçant le *jus offerendi* à l'encontre de la caution ou du créancier de rang inférieur, que ce créancier exerçant ce même droit à l'encontre d'un créancier qui lui est supérieur en rang.

Supposons que la vente a eu lieu.

Sera-t-elle définitive sans distinction ? — La fraude du

créancier vendeur ne sera-t-elle pas un obstacle à la validité de l'aliénation ?

Ne faudra-t-il pas considérer la bonne ou la mauvaise foi de l'acheteur ?

Tout cela dépend de la manière d'envisager le *jus distrahendi pignoris.*

En résulte-t-il pour le créancier un droit propre? ou simplement un pouvoir délégué ?

L'intérêt de la question est facile à distinguer ; et la distinction conduit à des conséquence diamétralement opposées :

Si le créancier vend *procuratorio nomine*, nous aurons à appliquer les règles du mandat.

Or il est de principe que celui qui, chargé de vendre, accomplit son mandat d'une manière frauduleuse, ne transfère pas la propriété à l'acheteur, que celui-ci soit de bonne ou de mauvaise foi.

Seulement si l'acheteur est de bonne foi, il usucapera, tandis que, s'il est de mauvaise foi, il ne le pourra pas.

Si nous adoptons l'opinion adverse, nous dirons que la propriété est transférée à l'acheteur dans tous les cas, que le vendeur soit de bonne ou de mauvaise foi, que l'acheteur de son côté ait ou non participé à la fraude si fraude il y a eu.

Quelques textes comparent le créancier vendeur à un *procurator* ;

« — quia quod creditor egit, *pro eo habendum est, ac si debitor per procurationem egisset* : et ejus, quod propter necessitatem impendit, etiam ultro est actio creditori. » (Dig. x, 2. Loi 29. Paul).

« Item creditor pignus ex pactione, quam vis ejus ea res non sit : sed hoc forsitan ideo videatur fieri, *quod voluntate debitoris intelligitur pignus alienari*, qui olim pactus est ut liceret creditori pignus vendere, si pecunia non solvatur ». (Gaïus. Inst. II, 64).

Le paragraphe I des Institutes de Justinien, Livre II, titre 8, ne fait que répéter le passage correspondant des Institutes de Gaïus.

Il semble résulter de là que le créancier gagiste ou hypothécaire vend le bien engagé ou hypothéqué, le vend *procuratorio nomine*, comme mandataire du débiteur, celui-ci lui ayant tacitement donné le pouvoir de vendre.

Mais d'autres textes parlent du créancier gagiste ou hypothécaire qui vend *proprio jure* le bien engagé ou hypothéqué. — Et c'est à remarquer que l'un d'eux émane de Paul c. a. d. de l'un des jurisconsultes qui ont comparé le créancier vendeur du bien, grevé de son droit, l'ont comparé à un *procurator*.

« Creditor, *qui jure suo pignus distrahit*, jus suum cedere debet » (Dig. xx, 5. Loi 13. Paul).

« — cùm in venditione, quæ fit ex facto, *suum creditor negotium gerat* » (Dig. xiii, 7. Loi 42. Ulpi).

Puis d'autres textes admettent les conséquences de l'opinion que nous soutenons, à savoir que le créancier vend en son propre nom.

Les voici :

« Si cessante solutione, creditor non reluctante lege contractûs, ea, quæ sibi pignori nexa erant, distraxit, revocari venditionem iniquum est : cùm si quid in ea re fraudulenter fecerit, non emptor a te, sed creditor conveniendus sit » (Code VIII, 28. Loi 7. Gordien, 239).

Ainsi lors même que la vente est entachée de fraude de la part du créancier vendeur, elle n'en est pas moins valable. Le créancier seul peut-être recherché ; l'acheteur, devenu propriétaire irrévocable, ne peut l'être.

S'il y avait mandat, il faudrait donner une décision contraire.

Passons au second texte favorable à notre opinion.

« Præses provinciæ aditus, si fuerit probatum, tuum creditorem, cui jus distrahendi pignora fuit, dolo malo fundum vendidisse : quanti tua interest restituere tibi eundem creditorem judebit. Quod si de bonis creditoris condemnati solvi pecunia non potuerit, et probatum fuerit, emptorem mala fide emisse : offerente te pecuniam cum usuris, quanti fundus venit, restituere tibi fundum cum fructibus malæ fidei emptorem jubebit » (Code VIII, 30. Loi I. Alexander. année 225).

Ce texte montre mieux que le précédent la vérité de notre doctrine :

Il suppose l'acheteur *particeps fraudis*. — Eh bien la validité de la vente en sera-t-elle atteinte ?

Non. On se contente de donner contre lui une action personnelle semblable à l'action Paulienne.

Ce n'est pas l'action Paulienne, car cette action suppose une relation préexistante de créancier et de débiteur, ainsi que le manifeste la rubrique même du titre relatif à cette action :

« Quæ in fraudem *creditorum* facta sunt, ut restituantur» (Dig. XLII, 8).

Or ici les relations de créancier et de débiteur entre le propriétaire du bien engagé ou hypothéqué et l'acquéreur de ce bien, ces relations naissent de la fraude même qui a entaché la vente ; elles ne sont pas préexistantes.

Si cette action donnée au propriétaire, victime de la collusion du créancier et de l'acquéreur, si elle n'est pas l'action Paulienne, du moins elle y ressemble fort, comme on va le voir :

En effet, comme l'action Paulienne, cette action est subordonnée à la preuve de la participation de l'acheteur, — acquéreur à titre onéreux — à la fraude déjà prouvée du créancier vendeur.

Comme l'action Paulienne, elle exige la discussion préalable des biens du débiteur, ici le vendeur coupable de dol et débiteur de ce chef.

Voilà les deux conditions fondamentales de l'action Paulienne réunies :

« Consilium fraudis, eventus damni ».

Comme l'action Paulienne enfin, notre action a le caractère d'une action arbitraire :

« Judex condemna, nisi restituat ».

C'est ce que fait supposer la partie finale de la constitution d'Alexandre :

« Restituere tibi fundum cum fructibus — jubebit ».

Car nous savons que jusqu'à une constitution des empereurs Dioclétien et Maximien, promulguée en l'an 294 pour l'Orient et en l'an 305 pour l'Occident, le système formulaire étant en vigueur, toutes les condamnations étaient pécuniaires. — De là la formule arbitraire, qui tendait à faire obtenir au gagnant la chose même qu'il demandait.

Notre action était une de celles-là.

Comme au cas précédent, si c'était *procuratorio nomine* que le gagiste eût vendu, la vente entachée de fraude étant nulle, ce qui entraîne la nullité de la tradition subséquente, le débiteur aurait pu revendiquer le bien sans être soumis à aucune formalité.

C'est ce qui résulte de ce fragment de Julien qui forme au Digeste la loi 7, paragr. 6 du livre XLI, titre 4 :

« Procurator tuus si fundum , quem centum aureis vendere poterat, addixerit triginta aureis in hoc solùm, ut te damno afficeret, ignorante emptore, dubitari non oportet, quin emptor longo tempore capiat. Nam et cùm sciens quis alienum fundum vendidit ignoranti, non interpellatur longa possessio. Quod si emptor cum procuratore collusit, et cum præmio corrupit, quo vilius mercaretur : non intelligetur bonne fidei emptor, nec longo tempore capiet ; et si adversus petentem dominum uti cœperit exceptione rei voluntate ejus venditæ, replicationem doli utilem futuram esse ».

Ainsi le jurisconsulte examine seulement le point de savoir si celui, qui a acheté d'un mandataire infidèle, peut usucaper.

Il ne parle pas de la nullité de la vente, parcequ'il n'y a aucun doute sur ce point.

Il se contente de constater que la bonne foi de l'acheteur lui permettra d'usucaper, tandis que sa mauvaise foi l'en empêcherait.

Il résulte donc bien de tout ceci que le créancier gagiste ou hypothécaire, lorsqu'il vend le bien engagé ou hypothéqué, le vend non *procuratorio nomine* mais bien *proprio jure*.

De droit commun, lorsqu'une vente a lieu, le vendeur est tenu de plusieurs obligations envers l'acheteur, notamment de l'obligation de garantir ce dernier des dangers soit de l'éviction, soit de ceux résultant des vices cachés de la chose et non déclarés.

Le vendeur doit, en effet, fournir à l'acheteur une possession *paisible* et *utile*.

Elle n'est pas *paisible*, si l'acheteur est troublé.

Elle n'est pas *utile*, si des vices se révèlent après coup, qui diminuent sensiblement l'utilité et la valeur du bien vendu.

Le vendeur garantit donc à l'acheteur la *propriété* de la chose.

Si par suite l'acheteur vient à découvrir que la propriété ne lui a pas été transférée, et que le vendeur a été de mauvaise foi, il pourra immédiatement recourir contre lui en dommages-intérêts, comprenant outre la valeur de la chose, appréciée au jour de l'éviction, les frais accessoires supportés par l'acheteur, les acquisitions qu'il avait faites à 'occasion de la chose, etc., en résumé *tout le préjudice causé par l'éviction*.

Si le vendeur a vendu de bonne foi la chose d'autrui, il ne pourra être actionné qu'autant que l'acheteur aura été troublé dans sa possession.

Telle est en droit commun l'obligation de garantie attachée au contrat de vente.

En est-il de même, lorsqu'il s'agit de la vente par le créancier gagiste ou hypothécaire du bien affecté au paiement de sa créance ?

Lisons la constitution suivante de Gordien, et nous serons renseignés sur ce point :

« Si a creditrice jure pignoris fundos obligatos pater tuus comparaverat : evictis prædiis ita demùn petitionem adversus creditricem habere jure potes, si vel cùm vendidit, de evictione rei promisit : vel etiam dolo malo, cùm sciens, prudensque esset rem sine vitio non esse, eam patri tuo, cui successisti, venumdedit. Nam sicuti genus hujusmodi contractùs inscium creditorem vinculo evictionis non adstringit : ita eum, qui fraudem admisit, vel decepit, non excusat » (Gordien, code VIII, 46. Loi 2, an 241).

Ainsi donc le créancier hypothécaire ou gagiste n'est point garant de l'éviction, différent en cela de celui qui vend *jure communi*.

Il ne répond que d'une seule chose : sa qualité de créancier gagiste ou hypothécaire premier en rang, ainsi que l'atteste la partie finale de la constitution suivante :

« .... hoc utique præstare debet, qui pignoris jure vendit, *potiorem se cœteris esse creditoribus*. (Alexandre, code VIII, 46. Loi 1).

La constitution de Gordien indique les cas exceptionnels qui donnent naissance à l'obligation de garantie de la part du vendeur :

D'abord s'il y a eu clause expresse de garantie, la chose va de soi, le créancier gagiste ou hypothécaire pourra être poursuivi, si l'éviction se réalise.

En second lieu, s'il y a eu fraude — ce qui peut se présenter dans deux cas :

Ou le gagiste s'est présenté comme propriétaire.

Ou bien il a vendu, quoiqu'il ait su que le débiteur

n'était pas propriétaire de l'objet remis en gage au grevé d'hypothèque.

Cette distinction des deux espèces de fraude est contenue dans la loi 11, § 16 du livre XIX, titre 1 au Digeste.

Il est encore une autre différence entre le créancier gagiste ou hypothécaire vendeur, et celui qui vend selon le droit commun :

Nonobstant la clause de non-garantie, un vendeur ordinaire est obligé de restituer le prix qu'il a reçu, à supposer que la valeur du dommage souffert par cet acheteur évincé atteigne le montant du prix (1).

L'effet de la clause est de le mettre à l'abri de dommages intérêts supérieurs au prix qu'il a reçu.

Ceci est expliqué tout au long dans le texte qu'on va lire :

« Sed Julianus lib 15 Digestorum scribit, etiam si apertè venditor pronunciet, per se heredemque suum non fieri, quò minus habere liceat, posse defendi, ex empto eum in hoc quidem non teneri, quod emptoris interest ; verum tamen, ut pretium reddat, teneri. Ibidem ait, idem esse dicendum et si apertè in venditione comprehendatur,

____

(1) L'acheteur à Rome ne peut prétendre à rien au delà du préjudice éprouvé. De nos jours le Code lui accorde dans tous les cas la reprise du prix payé sans cause.

nihil evictionis nomine præstatum iri, pretium quidem deberi re evicta, *utilitatem* non deberi » (Dig. XIX, 1. Loi 11, § 18, Ulp).

Par *utilitas* le texte veut désigner les dommages-intérêts excédant le prix de vente.

Eh bien cette règle ne s'applique pas au créancier hypothécaire ou gagiste qui a vendu le bien grevé de son droit.

Il n'est tenu d'aucune restitution, sauf bien entendu le cas de dol.

C'est ce qui est nettement établi par le texte suivant :

« Sententiam Juliani verissimam esse arbitror in pignoribus quoque : nam *si jure creditoris* vendidit, deinde hæc fuerint evicta, non tenetur, nec *ad pretium restituendum* ex empto actione creditor: hoc enim multis constitutionibus effectum est. Dolum plane venditor præstabit : denique etiam repromittit de dolo, sed et si non repromiserit, sciens tamen sibi non obligatam, vel non esse ejus, qui sibi obligavit, vendiderit, tenebitur ex empto, *quia dolum cum præstare debere ostendimus* » (Dig. XIX, 1. Loi 11, § 16. Ulp.).

Quand au second objet de l'obligation de garantie, que le droit commun impose au vendeur, la garantie des vices de la chose, nous n'avons pas de textes l'étendant, au créancier gagiste ou hypothécaire, vendeur du bien grevé.

Mais, de ce que nous dirons ci-dessous, il doit résulter que la garantie des vices ne peut-être imposée au créancier vendeur du bien affecté à sa garantie.

S'il ne répond pas de l'éviction, c'est-à-dire d'un fait dont la conséquence est la privation de la chose pour l'acheteur, à plus forte raison ne doit-il pas répondre d'un fait qui n'occasionne qu'une diminution de jouissance.

Puis comment le créancier *gagiste*, à qui l'on défend d'user de la chose sous peine d'être traité comme voleur (*furtum usûs*), — le créancier *hypothécaire*, qui peut-être ne l'a pas possédée, ou ne l'a possédée qu'un instant, — comment le traiter sur le même pied que le vendeur ordinaire, qui, ayant dans la plupart des cas possédé la chose, s'en est servi assez longtemps pour en connaître les défauts ?

Il y aurait là un manque de logique.

Voyons maintenant les motifs de cette triple différence entre le créancier gagiste ou hypothécaire qui vend le bien grevé, et le vendeur ordinaire :

1° Pas de garantie de l'éviction ; 2° Pas de restitution de prix en cette occurrence ; 3° Pas de garantie des vices rédhibitoires.

Celui qui vend *jure communi*, s'il ne connaît pas sa situation à l'égard du bien dont il dispose, *est en faute*. Il doit donc subir les conséquences de sa faute.

De là l'obligation d'indemniser l'acheteur des conséquences de l'éviction, et celle de restituer le prix en cas de de clause de non garantie, cette clause ne dispensant que des dommages-intérêts supérieurs au prix.

De même le vendeur ordinaire doit connaître les vices inhérents à cette chose, dont il a usé, et dont il veut aujourd'hui se défaire. S'il ne les a pas connus, il est en faute.

Si nous passons au créancier gagiste ou hypothécaire, qui vend le bien engagé ou hypothéqué, nous ne trouvons plus les mêmes raisons :

Il n'y a pas faute de sa part, lorsqu'il vend une chose qui lui a bien été hypothéquée ou remis en gage, mais se trouve n'appartenir point au débiteur, de qui émane la constitution de gage ou d'hypothèque.

Rechercher, si le bien appartient réellement au débiteur, est chose difficile. Y obliger le créancier, ce serait altérer le crédit.

Il n'y a pas faute non plus de la part du créancier gagiste ou hypothécaire, lorsqu'il ignore les vices d'un objet dont il lui est expressément défendu de se servir, ou dont il n'a pas même eu la possession.

En résumé celui qui vend *jure communi* répond de sa qualité de propriétaire d'une part, et de l'autre des défauts de la chose, *parcequ'il a pu s'en assurer*.

Le créancier gagiste ou hypothécaire ne répond *de sa qualité de créancier premier en rang*, parceque lui demander davantage, serait lui demander de répondre, de ce dont il n'a pu s'assurer.

— 44 —

Le créancier ne peut donc être recherché. Mais par qui l'acheteur se fera-t-il restituer le montant du prix qu'il a versé entre les mains du créancier ?

Par le débiteur ; sinon celui-ci s'enrichirait injustement aux dépens d'autrui.

Mais quelle action lui donner pour rentrer dans ses déboursés ?

Le jurisconsulte Hermogénien lui donne l'*action empti utilus*. Mais il en borne le résultat *au prix payé et aux intérêts*, refusant ainsi à l'acheteur le *quanti interest*.

Alors pourquoi donner l'action empti même sous la forme de l'action *utile*, puisqu'il est de principe que les règles de l'*action directe* s'appliquent à l'*action utile* ?

Ulpien oblige le créancier à céder à l'acheteur l'*action pigneratitia contraria*.

Mais puisque cette action a été éteinte par le paiement du prix, comment peut-on la céder. Il aurait fallu la céder *avant le paiement*, alors qu'elle appartenait encore au créancier

Il est plus probable que la pratique avait adopté le système qui donnait à l'acheteur évincé une action de gestion d'affaires.

Ce système se rencontre dans le fragment suivant :

Si aliena res pignoris data fuerit, et creditor eam vendiderit : videamus, an pretium, quod percepit creditor, liberet debitorem personali actione pecuniæ creditæ ? Quod vero responderetur, *si ea lege vendidit, ne evictionis nomine obligaretur* : quia ex contractû, et quali quali obligatione a debitore interposita, certe ex occasione ejus redactum id pretium æquius proficeret debitori, quam creditoris lucro cederet : *sed quantum quidem ad creditorem, debitor liberatur:* quantum vero ad dominum rei, si necdùm pignus evictum est, vel ad emptorem, post evictionem, ipsi debitor utili actione tenetur, *ne ex alienâ jacturâ sibi lucrum adquirat »* (Dig. XX, 5. Loi 12. Tryphoninus).

Le créancier étant désintéressé, puisqu'il n'est pas tenu de la garantie, et que, même en cas d'éviction, il n'est pas obligé de restituer le prix, le créancier est mis hors de cause.

Le texte suppose que ce créancier vendeur a stipulé la non-garantie. Mais cette observation est inutile et inexacte, puisque *de droit* le créancier, qui vend le bien engagé ou hypothéqué, ne doit pas de garantie à l'acheteur.

Un autre texte répond à l'objection que l'on pourrait faire sur ce point : savoir que l'action de gestion d'affaires ne compète *qu'à celui qui a cru gérer l'affaire d'autrui.*

Or ici l'acheteur en payant son prix n'a cru agir *que dans son intérêt*, gérer sa propre affaire.

Voici ce texte :

« Si rem, quam servus venditus subripuisset a me venditore, emptor vendiderit, eaque in rerum naturâ esse desierit : de pretio negotiorum gestorum actio mihi danda sit : *ut dari deberet, si negotium, quod tuum esse existimares, cùm esset meum, gessisses :* sicut ex contrario in me tibi daretur, si, cùm hereditatem, quæ ad me pertinet, tuam putares, res tuas proprias legatas solvisses : (quando quidem eâ solutione liberarer) » (Dig. III, 5. Loi 49. Africain).

En commençant cette étude sur le *jus distrahendi pignoris*, nous avons posé en principe que c'est au créancier gagiste ou hypothécaire premier en rang qu'appartient la plénitude du droit hypothécaire. Lui seul, exerçant le droit de vendre, met à l'abri l'acquéreur qui lui succède.

Ce principe est signalé dans la phrase suivante du jurisconsulte Marcien :

« Si simpliciter convenisset secundus creditor de hypothecâ, ab omni possessore eam auferre poterit, *præter priorem creditorem, et qui ab eo emit* » (Dig. XX, 4. Loi 12, § 7).

Que devient le droit des créanciers postérieurs, puisqu'ils ne peuvent évincer ni le créancier premier en rang, ni l'acheteur qui tient son droit de lui ?

Il ne leur reste qu'une ressource, *mais cela avant que la vente ait lieu* : c'est d'exercer le *jus offerendæ pecuniæ*, pour se mettre à la place du créancier et attendre un moment plus favorable à la vente.

« Et omninò secundus creditor *nihil aliud juris habet, nisi ut solvat priori, et loco ejus succedat* ».

Le *jus offerendi* est suivi de la *successio in locum*, ou *in jus creditoris*.

C'est donc le droit pour tout créancier hypothécaire ou gagiste d'offrir son paiement au créancier qui le précède, et même, — à la différence de ce que décide aujourd'hui la lettre de l'article 1251. 1. a, — *au créancier d'un rang inférieur*, comme l'atteste le fragment suivant de Paul :

« Novissimus creditor priorem, oblata pecuniâ, quo possessio in eum transferatur, dimittere potest. *Sed et prior creditor secundum creditorem, si voluerit, dimittere non prohibetur, quamquam ipse in pignore potior sit »* (Paul : II, 15, § 8).

Une fois ce créancier désintéressé, le créancier, qui l'a remboursé, succède au *rang hypothécaire* de la créance aujourd'hui éteinte. C'est la *successio in locum,*

Aujourd'hui l'on discute sur le point de savoir si le paiement avec subrogation est une *cession fictive* de la créance elle-même avec tous ses accessoires, — ou si ce n'est pas plutôt le simple transfert des accessoires de la créance, éteinte par le paiement, accessoires qu'une fiction fait revivre pour les attacher à la créance nouvelle, alors que cette fiction ne peut redonner la vie à la créance, que le paiement a fait disparaître.

La plupart des auteurs voient dans la subrogation une cession fictive, mais différant de la cession proprement dite en ce que celle-ci est une *spéculation*, alors que la subrogation est *un bon office.*

A Rome le *jus offerendi,* suivi de la *successio in locum,* tempère le principe d'après lequel c'est le premier créancier gagiste ou hypothécaire qui seul a la plénitude des droits de poursuite contre le débiteur.

Ce *jus offerendæ pecuniæ* était encore utile, pour permettre à un créancier, titulaire d'une hypothèque ou d'un gage grevant un objet *spécial,* lui permettre d'écarter un créancier à *hypothèque générale* qui voudrait faire porter son hypothèque sur l'objet frappé de l'hypothèque spéciale.

Il l'écartait en le désintéressant et en prenant sa place. S'il resistait, on lui faisait des offres réelles suivies de consignation, et la *successio in locum* résultait de cette consignation, comme elle aurait résulté d'un paiement, car elle avait lieu *de plein droit*, différant en cela de la cession d'actions, qui *avait besoin d'être requise.*

Si le *jus offerendi* était exercé par un créancier *prior* envers un créancier *posterior*, ce que nous avons déjà admis sur le témoignage de Paul, le *prior* pouvait y trouver un avantage dans les deux hypothèses suivantes :

Ainsi *Primus*, le créancier premier en rang, n'est que créancier hypothécaire, et sa créance *n'est pas échue.*

Secundus, au contraire, — le créancier postérieur, — est créancier gagiste.

Si *Primus* veut lui enlever la possession, il usera du *jus offerendi* que suivra la *successio in locum.*

En second lieu supposons que *Primus*, créancier gagiste premier en rang, n'a pas le *jus distrahendi*, soit dans le silence de la convention — à l'origine —, soit — plus tard — dans l'hypothèse d'un pacte *ne vendere liceat.*

Secundus, au contraire, le créancier postérieur, possède ce droit.

Primus usera du *jus offerendi* à l'égard de *secundus*, ce qui lui donnera le *jus distrahendi*, on le dispensera de la triple dénonciation, suivant les diverses phases que le *jus pignoris* a parcourues.

Arrivons à la *nature* de cette *successio in locum*, suite et conséquence du *jus offerendæ pecuniæ.*

Un point, sur lequel les auteurs sont d'accord, c'est que la *successio in locum* romaine, différant en cela de notre subrogation, telle que l'entend l'opinion commune, la *successio in locum* entraînait *l'extinction de la créance* du créancier désintéressé.

Mais la *successio in locum* va-t-elle investir le créancier, qui a exercé le *jus offerendi, de l'hypothèque ou du gage*, accessoires de la créance éteinte, ou lui fera-t-elle seulement acquérir le *rang de ce droit de gage ou d'hypothèque*, dont le créancier titulaire a été soldé et dès lors mis hors de cause ?

La question est fort controversée.

Les textes paraissent décider en faveur de la seconde opinion, celle qui n'accorde au créancier, qui paie l'autre, *que le rang hypothécaire* de la créance éteinte.

Tous, en effet, parlent de la *successio in locum*, comme d'un moyen pour celui qui a exercé le *jus offerendi*, *d'améliorer* son droit, de le *consolider*, si je puis m'exprimer ainsi.

Voici ces textes :

« Prior quidem creditor compelli non potest tibi, qui posteriore loco pignus accepisti, debitum offerre, sed si tu illi id omne quod debetur solveris, *pignoris tui causa firmabitur* » (Code VIII, 18. Loi 5. Alexandre. **234**).

« Secundus creditor offerendo priori debitum, *confirmat sibi pignus* ; et a debitore sortem ejusque tantum usuras, quæ fuissent præstandæ, non etiam usurarum usuras accipere potest ». (Code ; VIII, 14. Loi 22. Dioclétien et Maximien).

Ainsi donc le *rang* de l'hypothèque de la créance éteinte est seul conservé ; *l'hypothèque elle-même a disparu.* Dites en autant du gage, garantissant cette créance.

Il résulte de là que les accessoires de l'ancienne créance, autres que le gage ou l'hypothèque grevant le bien affecté au paiement de cette dette, que ces accessoires, étant éteints par le paiement, ne peuvent être transportés à la créance du créancier qui a désintéressé l'autre. Bien plus c'est le *rang seul* qui est conservé, et qui vient *améliorer* le droit du créancier postérieur.

D'autre part, comme la *successio in locum* a été imaginée en vuede garantir le remboursement de celui qui a désinté ressé le premier créancier hypothécaire ou gagiste, elle ne donnera de recours *que dans la mesure des déboursés réellement faits.*

Ce *jus offerendæ pecuniæ*, suivi de la *successio in locum*, est dans l'intérêt de tous :

C'est d'abord l'intérêt de celui qui a reçu son paiement, puisque le voilà désormais à l'abri de l'insolvabilité du débiteur et de l'insuffisance des biens grevés.

C'est ensuite l'intérêt des autres créanciers, dont le gage est ainsi conservé ; et qui, de cette façon, auront quelque chance d'être payés avec les revenus ou même avec le prix du bien, vendu en des circonstances plus favorables.

C'est enfin l'intérêt du débiteur qui ne risque pas de voir un bien de grande valeur vendu pour une faible somme, — suffisante pour désintéresser le *prior* vendeur, — et qui en outre conserve le droit de reprendre son bien en payant ses créanciers , auxquels ce bien est affecté.

Aussi la loi favorise-t-elle cette opération, et lui fait produire *de plein droit*, comme nous l'avons déjà dit, son résultat, qui est de *consolider* la créance du *creditor dimittens* en y attachant le rang de l'hypothèque ou du gage éteint.

Voici pour terminer sur le *jus offerendi* et la *successio in locum*, quelques textes complémentaires des explications, que nous avons données :

« Cùm secundus creditor, oblatâ priori pecuniâ, *in locum ejus successerit*, venditionem, ob pecuniam solutam et creditam, recte facit » (Dig. **XX**, 5. Loi 5. pr. Marcien).

« Qui pignus secundo loco accepit, *ita jus suum confirmare* potest, si priori creditori debitam pecuniam solverit ; aut cùm obtulisset, isque accipere noluisset eam obsignavit, et deposuit, nec in usus suos convertit » (Code. VIII, 18. Loi 1. Sévère et Antonin, an 198).

Une fois le *jus distrahendi pignoris* exercé, et le bien engagé ou hypothéqué vendu, si le prix n'est pas suffisant pour solder soit la dette, soit les dettes, garanties par le gage ou l'hypothèque, qu'en adviendra-t-il ? Faudra-t-il pour l'imputation suivre les règles ordinaires ?

De droit commun c'est au débiteur qu'il appartient de faire l'imputation ; et, s'il ne le fait pas, ce droit passe au créancier.

Dans le silence de l'un et de l'autre, c'est la loi qui se charge de ce soin ; et il faut alors appliquer les règles suivantes :

En premier lieu, si la dette se décompose en capital et intérêts, l'imputation portera d'abord sur les intérêts, qui ne sont pas productifs, et subsidiairement sur le capital, le producteur des intérêts.

En second lieu, s'il est une dette échue, celle-là sera payée avant celles qui ne le sont pas.

En troisième lieu, de plusieurs dettes également échues, on paiera la plus onéreuse pour le débiteur.

En quatrième et dernier lui, si toutes les dettes sont échues, et si aucune d'elles n'est plus onéreuse que l'autre, on paiera celle qui est née la première. Si toutes ont même date, l'imputation sera proportionnelle.

Un texte de Paul dénie l'application de ces règles à notre matière :

« Paulus respondit, aliam causam esse debitoris solventis, aliam creditoris pignus distrahentis. Nam cùm debitor solvit pecuniam, in potestate ejus esse commemorare, in quam causam solveret : cùm autem creditor pignus distraheret, licere ei pretium in acceptum referre, etiam in eam quantitatem *quæ naturâ tantùm debebatur* ; *et idco deducto eo debitum peti posse.* » (Dig. XLVI, 5. Loi 101, parag. 1),

Le motif de cette règle c'est que le créancier, ainsi que nous l'avons longuement exposé plus haut, lorsqu'il procède à la vente, n'agit pas au nom du débiteur, mais en *son propre nom*. Il fait sa propre affaire, et dès lors il n'est pas étonnant qu'il puisse faire l'imputation du prix dans son intérêt exclusif.

* * *

Jusqu'à présent nous avons supposé le prix payé. Dès lors le créancier est à l'abri, puisqu'il n'est pas tenu de la garantie.

Mais si le prix n'est pas payé, le débiteur sera-t-il néanmoins libéré ?

Non, répond Paul :

« Quæsitum est, si creditor ab emptore pignoris pretium *servare* non potuisset, an debitor liberatus esset ?

Putavi, *si nulla culpa, imputari creditori possit, manere debitorem obligatum : quia ex necessitate facta venditio* non libérat debitorem, nisi pecunia percepta » (Dig. **XX**, 5. Loi 9 pr).

Observons d'abord que *servare*, qui d'ordinaire signifie conserver, signifie ici obtenir. La fin du fragment ne laisse aucun doute là-dessus.

Le créancier ne doit donc avoir aucune négligence à se reprocher. Sinon un recours contre le débiteur lui serait refusé.

C'est la décision de Paul, et rien de plus juste.

Lors donc que le prix ne lui est pas payé, le créancier vendeur peut recourir contre le débiteur.

Le motif de cette règle est important :

« *Quia ex necessitate facta venditio non liberat debitorem, nisi pecunia percepta.* »

Ainsi le créancier qui vend, parcequ'il n'a pas d'autre moyen de se faire payer, ne libère pas le débiteur, tant que le prix de la vente ne lui a pas été compté.

C'est là un moyen énergique de protéger celui qui exerce le *jus distrahendi pignoris.*

Il est probable que pour le moment le débiteur est insolvable, puisqu'il a laissé vendre son bien, au lieu de le dégager ; mais il se peut qu'il revienne un jour à meilleure fortune. Le recours du gagiste, non payé par l'acheteur, sera alors efficace.

Enfin un texte, que nous avons déjà cité, mais sans le commenter, nous donnera encore la preuve que le créancier, qui procède à la vente du bien grevé de son droit, n'agit pas *comme mandataire du débiteur*, mais bien *proprio nomine* :

« Creditor judicio, quod de pignore dato proponitur, ut superfluum pretii cum usuris restituat, jure cogitur : nec audiendus erit, si velit emptorem delegare : *cùm in venditione, quæ fit ex facto, suum creditor negotium gerat* » (Dig, XIII, 7. Loi 42. Ulp.).

Ces mots *quæ fit ex facto*, ou ne signifient rien, ou, s'ils signifient quelque chose, les interprètes du Droit Romain n'en ont pas encore trouvé le sens.

Le texte suppose que le prix de la vente excède le montant de la dette garantie par le gage.

Comment le créancier, redevable au débiteur de cet excédant ainsi que des intérêts, va-t-il s'en acquitter ?

Si en vendant il avait agi comme *mandataire* du débiteur, il n'aurait qu'à lui céder ses actions contre l'acheteur, le constituer *procurator in rem suam* ; ou, si l'acheteur y consentait, déléguer ce dernier qui, dans une stipulation novatoire, s'engagerait à payer entre les mains du débiteur créancier de l'excédant du prix.

Tel est le droit commun que nous trouvons indiqué dans le texte suivant :

« Si mandatu meo fundum emeris, utrum, cum dederis pretium, ... es mecum mandati, an et antequam des, necesse habeas res tuas vendere ? Et recte dicitur, in hoc esse mandati actionem, ut suscipiam obligationem, quæ adversus te venditori competit : nam et ego tecum agere possum, *ut præstes mihi adversus venditorem empti actiones* (Dig. XVII, 1. Loi 45, pr. Paul).

Sur ce texte faisons cette observation que vers la fin du Bas-Empire, sous Justinien, la *procuratio in rem suam* fut sans doute sous-entendue, partout où elle était obligatoire, ce qui simplifiait considérablement la marche des affaires, — Nous généralisons ainsi de nombreuses décisions d'empereurs et de jurisconsultes ; et cela que la cession d'actions soit due en vertu d'une convention, d'un testament ou de la loi. —

Voilà donc les règles ordinaires.

Eh bien le jurisconsulte, dont nous avons cité le texte, Ulpien, dénie au créancier, vendeur du bien engagé ou hypothéqué, lui dénie l'usage de ce moyen — la cession d'actions — ; et il en donne la raison : c'est que le créancier en vendant a agi *en son propre nom*, a *fait sa propre affaire*, non celle d'un mandant, qui serait ici le débiteur, propriétaire du bien vendu :

« *Cum in venditione, quæ fit ex facto, suum creditor negotium gerat.* »

DROIT CIVIL FRANÇAIS

DU CLASSEMENT DES PRIVILÈGES

PREMIÈRE PARTIE

CHAPITRE PREMIER

De tout temps les législateurs ont senti le besoin de favoriser certains créanciers, de leur faire une situation exceptionnelle, en un mot de les privilégier.

Telle est l'idée du privilège.

Il ne faut pas prendre ce mot privilège dans le mauvais sens de l'expression, mais dans le bon sens, comme exprimant la résultante de principes assurément fort respectables.

Les législateurs du Code ont pourvu au même besoin en privilégiant certaines créances, soit pour des motifs d'ordre public, soit pour des motifs d'équité.

Mais d'abord essayons de donner une définition du privilège, et pour cela lisons les articles 2095 et 2096 du Code civil :

Article 2095 : « Le privilège est un droit que la qualité de la créance donne à un créancier d'*être préféré aux autres créanciers, même hypothécaires*. »

Puis l'article 2096 précise en ces termes :

« Entre les créanciers privilégiés, la préférence se règle par les différentes qualités des privilèges. »

La fin de l'article 2095 nous donne la notion exacte du privilège, en nous indiquant ce qui le distingue de l'hypothèque, dont il n'est qu'une variété.

L'hypothèque est un droit réel sur un bien, droit dont la réalité consiste dans un droit de préférence et dans un droit de suite ; le droit de préférence étant invoqué entre les créanciers, le droit de suite contre les tiers détenteurs du bien hypothéqué.

Le privilège est également un droit réel sur un bien.

Si vous ne consultiez que l'article 2095, vous n'y verriez qu'un droit de préférence. Mais l'article 2166 règle le droit de suite attaché au privilège comme à l'hypothèque :

« Les créanciers ayant *privilège* ou hypothèque inscrite sur un immeuble le suivent en quelques mains qu'il passe. »

Le privilège est donc une hypothèque privilégiée, ainsi qu'on le disait dans l'ancien droit.

Si nous recherchons ce qui le différencie de l'hypothèque, ce n'est pas en ce que le privilège peut porter sur des meubles, comme sur des immeubles, tandis que l'hypothèque ne peut avoir pour objet que des immeubles (art. 2114).

Car lorsque le privilège portera sur un immeuble, où trouverez-vous la différence entre lui et l'hypothèque ?

Ce n'est pas davantage dans ce fait que l'hypothèque peut être conventionnelle, judiciaire ou légale (art. 2116), tandis que le privilège ne provient que de la loi.

D'abord il n'est pas toujours vrai de dire que le privilège ne provient que de la loi.

— Le privilège du gagiste (art. 2075) émane de la convention des parties. —

Puis, en laissant de côté ce cas exceptionnel, la même objection que ci-dessus se présente :

Quand le privilège et l'hypothèque proviendront de la loi, comment les reconnaître l'un de l'autre ?

La véritable différence, ainsi que nous l'avons annoncé au début de ce chapitre, se trouve dans l'article 2095 *in fine* :

« *D'être préféré aux autres créanciers, même hypothécaires* », sous-entendu : *même antérieurs* : sinon le privilège n'en serait pas un.

Ainsi, la règle qu'on applique toujours en matière de privilège, c'est de considérer, pour les classer, le rang que la qualité de la créance donne au créancier, abstraction faite de l'idée de temps, si d'ailleurs la différence de temps n'influe pas sur le classement, comme lorsque plusieurs ouvriers ont travaillé successivement à la réparation, à la conservation d'un édifice. — Ici l'ouvrier qui aura travaillé le dernier, ayant conservé le gage de tous les autres, passera avant eux.

« Privilegia non ex tempore æstimantur, sed ex causâ. »
(Digeste)

Au contraire, lorsqu'il s'agit d'hypothèques, vous aurez toujours à appliquer la règle : *prior tempore, potior jure*, et cela alors même qu'il s'agit des hypothèques légales dispensées d'inscription.

L'hypothèque légale, en effet, alors même qu'elle est occulte, comme celle de la femme mariée, du mineur et de l'interdit, ne prime jamais une hypothèque antérieure, du moins lorsque cette hypothèque était déjà inscrite, à l'époque où remonte la responsabilité de la personne dont les biens sont ainsi grevés (art. 2134 et 2135).

Si vous cherchez une deuxième différence entre le privilège qui porte sur un immeuble, et l'hypothèque légale, vous la trouvez *dans la cause de la valeur légale :*

Pour le privilège, ce qui a inspiré le législateur, c'est une idée, *soit d'ordre public, soit d'équité.*

Pour l'hypothèque légale, c'est une idée de protection à l'égard de personnes incapables, — soit qu'il s'agisse de véritables incapables, comme les femmes mariées, les mineurs, les interdits, — soit qu'il s'agisse de personnes incapables d'agir par elles-mêmes, parce qu'elles ne constituent pas une personne concrète, mais une personne abstraite, une personne morale. Je veux parler de l'hypothèque légale de l'Etat, des communes et des établissements publics sur les biens des receveurs et *administrateurs comptables* (art. 2121).

Je disais tout à l'heure : le privilège est un droit de préférence et un droit de suite.

Mais le droit de suite n'existe que lorsque le privilège porte sur un immeuble.

Lorsque le privilège a pour objet un meuble, il n'est muni que d'un droit de préférence :

Article 2119. — « Les meubles n'ont pas de suite par hypothèque. »

Si cela est vrai de l'hypothèque ordinaire, il n'y a pas de raison pour qu'il en soit autrement lorsqu'il s'agit d'hypothèque privilégiée.

C'est même ce que signifie au fond l'article 2119, si l'on veut lui donner un sens utile. Car les articles 2114 et 2118 expriment nettement, par un *a contrario* décisif, que les meubles ne sont pas susceptibles d'hypothèque ni quant au droit de suite, ni même quant au droit de préférence.

On ne s'étonnera pas de voir une hypothèque grevant un meuble, du moins quant au droit de préférence, puisqu'il s'agit d'hypothèque privilégiée et que le Code s'est exprimé là-dessus.

Notons toutefois que le privilège sur les meubles comporte un droit de suite lorsqu'il s'agit d'un privilège basé sur une constitution expresse ou tacite de gage (art. 2102, 1er alin., 5e paragr. généralisé).

Le privilège, avons-nous dit, est un droit qui donne au créancier la faveur d'être préféré aux autres créanciers même hypothécaires (sous-entendu antérieurs), — art. 2095 *in fine*. —

Mais il faut faire une réserve :

Il est un cas où l'hypothèque prime le privilège.

C'est lorsque le privilège prend naissance au profit de celui à l'encontre duquel doit s'exercer l'hypothèque.

Ainsi, je vends un immeuble qui a été hypothéqué, soit du chef des précédents propriétaires, soit de mon propre chef.

J'acquiers ainsi le privilège du vendeur (art. 2103, 1er alin.).

Eh bien, mon privilège sera primé par les hypothèques qui grèvent mon immeuble, soit qu'elles proviennent de moi, soit qu'elles proviennent de mes prédécesseurs.

Autrement rien ne serait plus facile que de débarrasser son immeuble des charges qui le grèvent : On le vendrait, et, par le privilège, né de la vente, on détruirait des droits acquis, on violerait la foi des conventions.

Il nous reste à expliquer l'article 2097, avant d'aborder directement le sujet de cette dissertation.

Article 2097 : « Les créanciers privilégiés qui sont dans le même rang sont payés par concurrence. »

Que faut-il entendre par créanciers *ayant le même rang ?*

Des auteurs traduisent cette expression par celle de *ayant le même numéro.*

Il en résulterait que des créanciers, abstraction faite de la qualité de leur créance, par cela seul qu'ils seraient compris dans un même numéro des articles 2102 et 2103, viendraient en concours les uns avec les autres?

Ce système répugne à la logique, et à l'esprit du Code en ce qui concerne les privilèges.

D'ailleurs on est d'accord sur ce point que le rang des privilèges énumérés dans les articles 2102 et 2103, n'est en rien influencé par le rang des numéros qu'ils occupent dans ces divers textes.

Pourquoi en serait-il autrement, lorsque au lieu de comparer les privilèges d'un numéro avec ceux d'un autre numéro du même article, l'on compare entre eux les privilèges compris dans un même numéro?

L'article 2102, 1er alin., va lui-même nous en fournir la preuve :

Ce texte parle dans le même numéro — le premier — du privilège du locateur d'un immeuble, puis dans le quatrième paragraphe de ce même alinéa, il cite le privilège des sommes dues pour les semences ou pour les frais de la récolte de l'année et celui des sommes dues pour ustensiles.

Faut-il en conclure que ces privilèges viendront en concours, parce qu'ils se trouvent compris dans un même numéro?

Mais la loi elle-même nous dit le contraire dans le quatrième paragraphe *in fine* de ce premier alinéa.

« Par préférence au propriétaire dans l'un et l'autre cas. »

Il faut donc traduire ces mots : « *ayant le même rang* », par ceux-ci : « *ayant la même qualité, la même cause* ».

« Privilegia, si ejusdem tituli fuerunt, concurrunt, licet diversitates temporis in his fuerint. » (Digeste)

« Privilegiatus non habet privilegium contra æque privilegiatum. »

Ainsi, lorsque les privilèges reposent sur une même base, peu importe qu'ils aient une date différente ; ils concourront les uns avec les autres.

Dans l'application, ceci n'est entièrement vrai que des privilèges de l'article 2101, — privilèges généraux portant sur les meubles et subsidiairement sur les immeubles, — privilèges fondés sur des motifs d'humanité ou de salubrité, sauf le premier, celui des frais de justice, qui a été inspiré par l'équité.

Quant aux autres privilèges, l'antériorité du temps donne tantôt la supériorité et tantôt l'infériorité.

C'est ainsi qu'entre plusieurs créanciers ayant conservé la chose du débiteur commun, le dernier en date aura la priorité dans le rang, parce qu'il aura conservé le gage commun, parce qu'il aura fait leur propre affaire en même temps que la sienne.

Pour reprendre l'exemple, cité plus haut, si des ouvriers ont à des époques successives travaillé à la réparation ou à la reconstruction partielle d'un édifice, ceux qui auront travaillé les derniers l'emporteront sur les autres, parce qu'ils auront fait l'affaire de ceux-ci en même temps que la leur. Sans leur intervention, le gage commun aurait perdu de valeur, peut-être même aurait-il péri.

A l'inverse, la priorité dans le temps donne la supériorité dans le rang, lorsqu'il s'agit de *versio in rem*, c'est-à-dire de mise d'une valeur dans le patrimoine du débiteur commun. Le premier en date l'emportera alors sur les autres.

C'est ainsi que de plusieurs vendeurs successifs de la même chose, le privilège du premier passera avant le privilège des vendeurs postérieurs (art. 2103, 1" alin. généralisé).

Ce ne sont là que des idées générales, des notions sommaires que nous allons compléter par les explications qui vont suivre

CHAPITRE DEUXIÈME

En commençant le chapitre précédent, nous avons posé comme principe que les législateurs du Code, en privilégiant certains créanciers, avaient obéi soit à des motifs d'équité, soit à des motifs d'ordre public.

Lorsqu'il s'est agi de classer les privilèges en les inscrivant dans le Code, le législateur n'a pas complétement rempli sa mission, car sur un grand nombre de points il a gardé le silence et laissé le champ libre aux interprètes et aux praticiens.

Nous commencerons donc par commenter les rares cas dans lesquels le Code s'est expliqué ; et, à cette occasion, nous donnerons la nomenclature des privilèges, en laissant de côté ceux prévus par les lois spéciales.

Une fois cet exposé terminé, nous nous demanderons dans quel ordre il faut classer les privilèges lorsque la loi est muette ; et, après avoir discuté les opinions émises à ce sujet, nous terminerons en développant le système que nous adoptons.

Parmi les privilèges qu'il énumère, le Code distingue plusieurs catégories :

Il distingue d'abord les privilèges portant sur les meubles de ceux qui portent sur les immeubles (art. 2099).

Nous aurons soin de traiter, comme le Code, en première ligne, des privilèges grevant les meubles. Et ce n'est qu'en dernier lieu, dans un chapitre à part, sous forme d'appendice, que nous parlerons des privilèges grevant les immeubles, — matière qui prête peu à la discussion, la loi s'étant expliquée là-dessus plus que pour les privilèges portant sur les meubles.

Le Code distingue en second lieu, parmi les privilèges sur les meubles, les privilège spéciaux des privilèges généraux (art. 2100).

Nous trouvons ainsi trois classes de privilèges :

1° Les privilèges généraux sur les meubles (art. 2101), portant subsidiairement sur les immeubles (art. 2104 et 2105).

2° Les privilèges sur certains meubles (art. 2102).

3° Les privilèges sur les immeubles (art. 2103.

Si, pour répondre à l'idée générale, tracée quelques lignes plus haut, nous recherchons les causes de ces divers

privilèges, et voulons les rattacher aux deux causes préci-
tées : — l'ordre public, l'équité, — nous sommes amenés
au classement suivant :

1° A des motifs d'ordre public et d'humanité se rattachent les privilèges énumérés dans les quatre derniers alinéas de l'article 2101, entre autres ceux des frais funéraires, ceux de dernière maladie, etc.

2° A des motifs d'équité se rattachent le privilège des
frais de justice de l'article 2101, 1er alin., et ceux énumérés dans les articles 2102 et 2103 :

Soit qu'il s'agisse de *versio in rem* ou mise d'une valeur
dans le patrimoine du débiteur commun, comme au cas de
vente, de construction, de partage.

Soit qu'il s'agisse de la conservation du gage commun,
comme au cas de sommes dues pour les frais de justice, les
frais de la récolte ou de la réparation des ustensiles aratoires, etc.

Soit enfin qu'il s'agisse d'une constitution expresse ou
tacite de gage, comme lorsqu'un voyageur a transporté ses
effets dans une auberge, lorsqu'un locataire a garni de meubles les lieux loués, etc.

CHAPITRE TROISIÈME

Conformément à notre programme, nous commenterons
dans ce chapitre les diverses hypothèses où le classement a
été fait par le législateur lui-même.

En première ligne se présentent les privilèges généraux de l'article 2101, ceux qui portent sur l'ensemble des meubles appartenant au débiteur, et subsidiairement sur sa fortune immobilière (art. 2104 et 2105).

Les privilèges sont au nombre de cinq :

1° Les frais de justice.

2° Les frais funéraires.

3° Les frais de la dernière maladie.

4° Les salaires des gens de service.

5° Les fournitures de subsistances faites au débiteur et à sa famille.

Sur quels points la loi s'est-elle ici expliquée ?

D'abord sur le rang que ces divers privilèges doivent avoir entre eux.

L'article 2101 débute en effet en ces termes :

« Les créances privilégiées sur la généralité des meubles sont celles ci-après exprimées, et *s'exercent dans l'ordre sui-vant*. »

Ainsi donc, les frais de justice passeront avant les frais funéraires.

Les frais funéraires avant les frais de la dernière maladie.

Les frais de la dernière maladie seront payés avant les gens de service.

Enfin les gens de service verront leur privilège primer celui des fournitures de subsistances faites au débiteur et à sa famille.

Notons seulement que des privilèges fondés les uns sur un motif d'humanité, comme celui des frais de la dernière maladie, celui des fournitures de subsistances, et enfin celui des gens de service, l'autre sur un motif de salubrité et par suite d'ordre public : le privilège des frais funéraires, ces privilèges sont primés par un privilège reposant simplement sur l'équité : celui des frais de justice.

Cette observation viendra plus tard comme argument à l'appui de notre système.

Le second point, sur lequel s'explique l'article 2101, est relatif aux frais de la dernière maladie.

Dans le troisième alinéa de ce texte, la loi s'exprime de la façon suivante :

« Les frais quelconques de la dernière maladie *concurremment entre ceux à qui ils sont dus.* »

C'est l'application des deux brocards déjà cités au début de cette dissertation :

« Privilegiatus non habet privilegium contra œque privilegiatum. »

« Privilegia, si ejusdem tituli fuerunt, concurrunt, licet diversitates temporis in his fuerint. »

Où trouver en effet la raison de distinguer entre les médecins, appelés à diverses époques au chevet du malade ?

Chacun n'a-t-il pas accompli son devoir ?

Si vous préférez le médecin, appelé le premier à donner ses soins au malade, vous allez contre le but de la loi. Car il se pourrait que d'autres médecins, plus habiles peut-être, ne veuillent pas venir visiter le malade, après le médecin que l'on a appelé en premier lieu, un peu au hasard ; et cela, parce qu'ils sauraient que leur privilège serait primé par celui du médecin premier en date.

Il faut généraliser cette règle que le texte posée à propos

des frais de la dernière maladie, et l'étendre aux autres privilèges énumérés par l'article 2101.

Si, en effet, vous faites passer avant les autres le serviteur qui aura travaillé le plus anciennement, ou le marchand dont les fournitures remontent à une date plus éloignée, vous altérez le crédit du débiteur. Ce dernier ne trouvera pas ou ne trouvera que difficilement des gens de service pour remplacer celui qui est parti ou des marchands qui lui fournissent des subsistances autrement qu'au comptant.

Il y a donc les mêmes raisons que dans l'hypothèse précédente. Or : *ubi eadem ratio, ibi jus idem esse debet.* »

Sur le premier alinéa de l'article 2101, — le privilège des frais de justice, — le Code civil n'est pas explicite. Mais nous trouvons dans le Code de procédure civile des explications qui nous permettent de classer aisément ce privilège.

— Ce sont notamment les articles 661 et 662 du Code de procédure qui s'occupent du rang du privilège en question. —

Le motif du privilège des frais de justice est, nous l'avons déjà dit, ce principe d'équité que celui qui a fait l'affaire des autres créanciers en conservant le patrimoine du débiteur commun, que celui-là leur soit préféré.

Mais précisément parce que nous appuyons ce privilège sur une idée de conservation du gage commun, qu'il ne faut privilégier celui qui aura fait des frais de justice, qu'autant que ces frais auront profité à tous.

Il s'est agi, par exemple, de transformer en argent la masse des biens du débiteur.

Les officiers publics qui rempliront cette mission, seront privilégiés pour leurs honoraires ; et même l'article 657 du Code de procédure accorde aux officiers, qui auront procédé à la vente, le privilège de se payer par voie de déduction.

S'ils ont consigné sans exercer leur droit, ils viendront au marc le franc avec les autres créanciers pour frais de justice.

Article 657 : « Faute par le saisi et les créanciers de s'accorder dans ledit délai, l'officier qui aura fait la vente sera tenu de consigner, dans la huitaine suivante et à charge de toutes les oppositions, le montant de la vente, *déduction faite de ses frais d'après la taxe qui* aura été faite par le juge sur la minute du procès-verbal ; il sera fait mention de cette taxe dans les expéditions. »

Mais si les frais n'ont profité qu'à l'un des créanciers ou à plusieurs d'entre eux, ceux-là seront primés par l'auteur de ces frais, mais la masse des créanciers, qui n'en a tiré aucun profit, ne se verra pas primée par le privilège attaché aux frais en question.

C'est ainsi qu'aux termes de l'article 662 du Code de procédure : « Les frais de poursuite seront prélevés, par privilège, avant toute créance *autre que celle pour loyers dus au propriétaire.* »

La raison en est que ces frais de poursuite *n'ont pas profité* au locateur propriétaire, puisque, selon le prescrit de l'article 661 du même Code :

« Le propriétaire pourra appeler la partie saisie et l'avoué plus ancien en référé devant le juge-commissaire, pour faire statuer préliminairement sur son privilége pour raison des loyers à lui dus. »

Mais s'il s'agissait de frais de vente, évidemment le privilége du propriétaire locateur serait primé par celui des officiers chargés de vendre, puisqu'il fallait nécessairement arriver à la vente pour payer les créanciers, et parmi eux le locateur.

Celui-ci a donc, comme les autres, *profité* de ces frais. Il est dès lors équitable que ces frais soient payés par préférence à sa créance de loyers.

Dites-en autant des frais de saisie. — La saisie a conservé le gage du locateur, comme la vente l'a liquidé.

D'ailleurs la vente n'est que le dénouement de la saisie ; et les règles de la saisie (saisie-exécution pour les meubles, saisie immobilière pour les immeubles), ces règles sont obligatoires toutes les fois qu'il s'agit d'une aliénation forcée.

Du même principe, il faut déduire que si l'officier de justice n'a eu pour mission que de saisir ou de vendre un certain bien, son privilége ne portera pas sur l'ensemble des biens liquidés, mais sur le meuble qu'il a saisi ou qu'il a vendu.

Au-delà de cette limite, le privilége n'aurait pas de raison d'être.

Nous disions plus haut que les frais de saisie, c'est-à-dire les frais faits pour parvenir à la vente, que ces frais, tout comme ceux de la vente, primeront le privilége du locateur, parce qu'ils lui auront été utiles en contribuant à la liquidation de son gage.

Sans doute le locateur peut recourir à une procédure plus expéditive, celle de la saisie-gagerie, qui, entre autres particularités, n'exige pas un titre exécutoire.

Mais la saisie-gagerie n'étant, comme la saisie-foraine, qu'une *saisie de précaution*, le locateur devra, avant de poursuivre la vente du mobilier saisi, s'adresser au tribunal pour obtenir un titre exécutoire.

Il devra dès lors suivre les règles de la saisie-exécution, ainsi qu'il résulte du texte suivant du Code de procédure :

Article 828. « Seront au surplus observées les règles ci-devant prescrites pour la saisie-exécution, la vente et la distribution des deniers. »

Le locateur sera donc primé par le privilège des frais de saisie puisqu'il *en a profité*.

Nous arrivons à la seconde classe des privilèges énumérés par le Code : les privilèges sur certains meubles dont parle l'article 2102.

Nous agirons ici comme nous avons agi pour les privilèges généraux de l'article 2101 : nous rechercherons les quelques décisions du législateur, éparses dans le texte, et relatives au classement des privilèges en question. Puis, les ayant commentées, nous passerons à la seconde partie de notre programme, la plus importante : le classement des privilèges dans les cas non prévus par le législateur.

Les privilèges spéciaux de l'article 2102 sont au nombre

de sept, dont cinq basés sur une constitution expresse ou tacite de gage.

Ce sont :

1° Le privilège du locateur sur le mobilier garnissant la maison ou la ferme.

2° Le privilège du gagiste sur l'objet dont il est nanti.

3° Le privilège de l'aubergiste sur les effets du voyageur transportés dans l'auberge.

4° Le privilège du voiturier sur la chose voiturée.

5° Le privilège des créances résultant d'abus et prévarications commis par les fonctionnaires publics dans l'exercice de leurs fonctions, sur les fonds de leur cautionnement et sur les intérêts qui en peuvent être dus.

Les deux autres privilèges, énumérés par l'article 2102, ont été inspirés par l'idée qu'il ne serait pas juste que la masse des créanciers s'enrichisse d'une valeur, mise par l'un d'eux dans le patrimoine du débiteur commun, — tel est le motif du privilège du vendeur, — ou que la valeur conservée à un bien du débiteur par des travaux, sans lesquels ce bien eût été dégradé, par suite déprécié, ou peut-être même eût péri, que cette valeur fût versée dans la masse commune, et cela au détriment de celui qui a fait les travaux conservatoires, ou qui du moins en a soldé la dépense.

— Tel est le motif du privilège des frais de conservation. —

Il faut y ajouter le privilège du voiturier sur la chose voiturée, si l'on n'admet pas que ce privilège repose sur une constitution tacite de gage.

La cause du privilège serait alors la plus-value occasionnée à la chose voiturée par le transport.

Quant à ce qui concerne le classement des privilèges que nous venons d'indiquer, la loi ne s'est expliquée que sur deux points :

Voici le premier :

Article 2102, 1" alin, 4° paragr. : « Néanmoins les sommes dues pour les semences ou pour les frais de la récolte de l'année, sont payées sur le prix de la récolte, et celles dues pour ustensiles, sur le prix de ces ustensiles, *par préférence au propriétaire, dans l'un et l'autre cas.* »

Le privilège attaché aux sommes dues pour les semences comprend sans doute les frais résultant des semailles, aussi bien que le prix de vente des semences.

Mais la base de ce deuxième privilège est dans la *versio in rem* ou mise d'une valeur dans le patrimoine du débiteur commun, ici le fermier ou colon. — Le privilège du vendeur ne peut plus être accordé, puisqu'il ne s'agit plus de graines vendues, mais de choses tout à fait différentes, quoiqu'elles en soient le produit : de la récolte.

Au contraire, le privilège de celui qui a fait les semailles, de même que celui des ouvriers employés à la récolte, est basé sur une idée de conservation.

Ainsi donc, le privilège du locateur est primé tant par le privilège des sommes dues pour les semences que par celui des sommes dues pour les frais de la récolte de l'année.

Nous verrons plus tard qui du créancier vendeur des semences ou ayant fait les semailles d'une part, de l'autre le créancier pour frais de la récolte, l'emportera sur l'autre.

La loi n'ayant pas réglé ce conflit, nous aurons à lui faire l'application des principes, que nous adopterons plus tard, touchant cette matière.

Mais avant de commenter le texte que nous avons transcrit, il nous faut lire le troisième paragraphe du quatrième alinéa, contenu en ce même texte, l'article 2102. Ce sera la clef de voûte du texte que nous avons à expliquer.

Article 2102, 4ᵉ alin., 3ᵉ paragr. : « Le privilège du vendeur ne s'exerce toutefois qu'après celui du propriétaire de la maison ou de la ferme, à moins qu'il ne soit prouvé que le propriétaire avait connaissance que les meubles et autres objets *garnissant* sa maison ou sa ferme n'appartenaient pas au locataire. »

C'est le second point sur lequel le législateur s'est expliqué quant aux privilèges spéciaux grevant les meubles.

Ce texte ne fait qu'appliquer le principe de l'article 2279, 1ᵉʳ alin. :

« En fait de meubles la possession vaut titre. »

La bonne foi est en effet la première condition pour invoquer cette règle (argument de l'article 1141 Code civil).

Or, le propriétaire locateur d'une maison ou d'une ferme, qui reçoit, pour gage tacite des fermages ou des loyers, des meubles qu'il sait ne pas appartenir définitivement au locataire ou au fermier, celui-là ne peut se placer sous la protection de l'article 2279, 1ᵉʳ alin.

Il le pourrait, s'il était de bonne foi, car, dans cette hypothèse, il a pu compter sur le mobilier garnissant les lieux loués. Peut-être qu'en l'absence de cette sûreté il aurait refusé de contracter ou il aurait demandé la résiliation du bail, ou il se serait empressé de donner congé.

Or, il est de principe que quiconque a voulu acquérir un droit sur un ou plusieurs meubles, — droit de propriété ou droit de gage, — que celui-là peut invoquer l'article 2279, lorsqu'il est dans les conditions voulues.

Lorsque le locateur est de mauvaise foi, il n'a pas de privilége sur le mobilier introduit dans sa maison ou dans sa ferme ; parce que, pour le paiement de ses loyers, il n'a pas dû compter sur ce mobilier. On ne peut, en effet, espérer trouver un gage solide dans un bien que l'on sait sujet à éviction.

Le locateur qui sciemment accepte pour gage de sa créance, des meubles n'appartenant pas définitivement au locataire ou au fermier, retire donc *un profit de cet apport*, puisqu'il s'en contente.

Dès lors, il est de toute équité que le privilége du vendeur, ne se heurtant plus contre le principe de l'article 2279, motif de la priorité du privilége du locateur, ne trouve plus un obstacle dans celui-ci.

Nous pouvons donc ramener la règle de l'article 2102, 4ᵉ alin., 5ᵉ paragr. à ce principe que nous développerons plus tard : à savoir que le créancier *qui a profité* de la mise d'une valeur dans le patrimoine du débiteur commun, sera primé par l'auteur de cette plus-value.

Ce principe s'ajoute comme accessoire à la règle de l'article 2279, 1ᵉʳ alin., et tous deux concourent à justifier la décision donnée par le législateur.

Mais alors, si telle est la double base de l'article 2102,

4° alin., 3° paragr., comment expliquer la partie finale du premier alinéa, quatrième paragraphe, de ce même article?

« Par préférence au propriétaire *dans l'un et l'autre cas*. »

Cette expression signifie sans doute que le privilège des sommes dues pour les semences ou pour les frais de la récolte de l'année d'une part, de l'autre le privilège des sommes dues pour ustensiles, que ces privilèges l'emportent sur celui du locateur, soit que ce dernier soit de mauvaise foi, ce qui est naturel, soit même qu'il soit de bonne foi.

Que le privilège du locateur soit primé par le privilège attaché aux sommes dues pour frais de semailles ou pour frais de récolte ; cela se comprend aisément, puisque le locateur *a profité* aussi bien du travail de ceux qui ont ensemencé, que du travail postérieur des ouvriers qui ont fait la récolte.

Dans les deux cas le gage commun a été conservé. Rien de plus juste dès lors que le créancier conservateur soit préféré aux autres.

Que l'on ne s'étonne pas de voir traiter comme créanciers conservateurs, les ouvriers qui ont fait les semailles.

En utilisant les semences achetées par le fermier ou le colon, ils ont fait un acte profitable à tous, ils ont conservé le gage commun.

Quant aux semences vendues, comme sans elles il n'y aurait pas eu de récolte, et comme, à défaut de récolte, le gage commun n'aurait pas existé, il est équitable que le prix des semences soit payé de préférence aux loyers du locateur.

Si nous passons au privilège des sommes dues pour

ustensiles, nous ne trouvons aucune difficulté dans l'hypothèse de la réparation.

Il est de toute équité que l'ouvrier qui a fait les réparations soit préféré au locateur sur le prix des ustensiles qu'il a réparés. Comme il a fait l'affaire de celui-ci en conservant son gage, il doit le primer.

Quant à la seconde hypothèse, celle d'une vente d'ustensiles aratoires, il est moins facile de se rendre compte du motif qui a guidé le législateur, lorsqu'il a fait passer le vendeur d'ustensiles avant le locateur *même de bonne foi*.

Ce dernier n'invoque-t-il pas l'article 2279 : « En fait de meubles la possession vaut titre » ?

Si vous cherchez le motif de notre décision dans ce fait que des ustensiles sont aussi nécessaires pour la préparation de la récolte, que les semences le sont par la production de cette même récolte ; l'on peut vous répondre que des animaux sont également nécessaires pour le labourage. Et cependant la loi ne place pas le privilège du vendeur de ces animaux avant le privilège du locateur même de bonne foi, ainsi qu'elle le décide pour le privilège du vendeur d'ustensiles aratoires.

Il y a dans cette décision de la loi, du moins en ce qui concerne le vendeur d'ustensiles, une dérogation à l'article 2279, 1ᵉʳ alin., motif de la priorité du privilège du gagiste et par suite du locateur.

On ne conçoit pas la production d'une récolte, sans qu'il y ait eu des semences jetées en terre ; car la science humaine n'a pas encore trouvé le principe de la vie.

Aussi, le privilège du vendeur des semences, de ces germes d'une absolue nécessité, ce privilège doit l'emporter sur celui du propriétaire, créancier de loyers ; et c'est ce que la loi décide.

Mais l'on peut à la rigueur se passer d'ustensiles ainsi que d'animaux pour faire produire à la terre une récolte.

Pourquoi alors, du moins quand il s'agit d'ustensiles vendus, pourquoi la loi déroge-t-elle à ce principe que la possession appuyée sur la bonne foi, en matière mobilière, l'emporte sur le droit le plus absolu : le droit de propriété et à plus forte raison sur un droit moindre, sur un privilège ?

Le Code lui-même n'a-t-il pas appliqué ce principe, lorsqu'il a dans notre article, quelques lignes plus loin, préféré le locateur de bonne foi au vendeur des meubles apportés par l'acheteur dans les lieux loués ?

La véritable raison de cette dérogation à l'article 2279, est, à notre avis, dans ce fait que le fermier ou le colon a ordinairement un compte-courant chez celui qui vend ou répare les ustensiles aratoires ; tandis qu'il est obligé de payer de suite les bestiaux, achetés le plus souvent dans des foires. Or, dans les foires l'on traite en général au comptant, parce que l'on ne se connaît que peu ou point.

Le propriétaire a donc dû connaître l'existence du compte-courant entre son tenancier et le marchand qui vend ou répare les ustensiles destinés à la culture de ses terres. S'il ne l'a pas connu, il est en faute. Or : *qui damnum sua culpa sentit, sentire non videtur.*

Dès lors, le législateur, statuant sur le *quod plerumque*

fit, a pu légitimement donner au vendeur d'ustensiles la préférence sur le propriétaire même de bonne foi, ou, comme s'exprime l'article, *dans l'un et l'autre cas.*

Nous avons ainsi énuméré et commenté les privilèges dont le législateur a fait lui-même le classement, soit dans le Code civil, soit dans le Code de procédure.

Il nous reste à nous expliquer sur les cas non prévus par les textes et à faire le classement des privilèges restés en dehors des prévisions du législateur, du moins quant au rang qu'ils doivent occuper.

La loi s'est encore prononcée en ce qui concerne le privilège du vendeur d'un immeuble (art. 2103), et en ce qui touche le classement des privilèges généraux par rapport aux privilèges spéciaux grevant des immeubles (art. 2104 et 2105)

Nous en reparlerons lorsque, ayant terminé le classement des privilèges sur les meubles, nous aborderons dans la partie finale les privilèges sur les immeubles et leur classement.

SECONDE PARTIE

Du classement des Privilèges dans les cas non prévus par la loi

—·—

CHAPITRE PREMIER

DU CONCOURS DES PRIVILÈGES GÉNÉRAUX AVEC LES PRIVILÉGES SPÉCIAUX MOBILIERS

Ici nous entrons dans le vif de la matière qui fait l'objet de cette dissertation.

Une question préalable se pose :

Faut-il faire passer les privilèges généraux de l'article 2101 avant les privilèges spéciaux de l'article 2102 ?

Ou bien faut-il faire passer les privilèges spéciaux avant les privilèges généraux ?

Dans un premier système on classe les privilèges généraux avant les privilèges spéciaux.

Examinons les arguments qui viennent à l'appui de cette opinion :

Comme premier argument, on fait observer que le Code, dans son énumération des privilèges, a placé en première ligne les privilèges de l'article 2101.

Il est donc à supposer que ces privilèges doivent l'emporter sur les autres, puisque les premiers ils se sont présentés à l'esprit du législateur ?

En second lieu, la loi fait porter les privilèges de l'article 2101 sur la généralité des biens du débiteur, tandis que ceux de l'article 2102 ne portent que sur un bien particulier.

N'est-il pas probable qu'elle préfère ceux-ci à ceux-là, puisqu'elle donne au gage des uns une surface plus étendue qu'à celui des autres ?

La garantie qui porte sur l'ensemble des meubles du débiteur, n'est-elle pas plus efficace, que celle qui porte sur tel ou tel meuble déterminé ?

Vient en troisième lieu l'argument tiré de l'article 2105. Ce texte donne la préférence aux privilèges généraux sur les privilèges spéciaux immobiliers, c'est-à-dire portant sur certains immeubles.

N'est-ce pas là un indice de la faveur du législateur pour les privilèges généraux ?

Dans l'opinion adverse on raisonne *a contrario* de l'article 2105 précité :

Si la loi dans ce texte a éprouvé le besoin de donner la préférence aux privilèges généraux sur les privilèges grevant certains immeubles, pourquoi a-t-elle gardé le silence sur ce point, lorsque les privilèges généraux se trouvent en concours avec les privilèges spéciaux mobiliers ?

C'est pourtant là un cas qui se présentera souvent. Le législateur n'a donc pas pu l'oublier ; et, s'il n'en a pas parlé, c'est que probablement il a voulu les laisser dans un rang inférieur à celui des privilèges spéciaux mobiliers.

Si la loi, dans l'article 2105, donne aux privilèges généraux la préférence sur les privilèges spéciaux immobiliers, c'est que les immeubles, représentant en général une valeur assez élevée, pourront supporter facilement le prélèvement des sommes modiques dues aux créanciers privilégiés par l'article 2101.

Mais il en serait autrement s'il fallait faire passer ces créanciers avant ceux dont le privilège porte sur un ou plusieurs meubles déterminés. Il ne resterait rien ou presque rien à ceux-ci, car les meubles considérés isolément n'ont pas en général la valeur des immeubles.

Ne pas oublier que lors de la rédaction du Code civil, la fortune mobilière était peu de chose. — Un meuble, considéré séparément, ne pouvait d'ordinaire avoir une grande valeur. C'était plus vrai qu'aujourd'hui. — L'industrie n'avait pas reçu les larges développements, qui, depuis, l'ont transformée ; et les entreprises commerciales, à peine affranchies des entraves de l'ancien régime, se ressentant encore de la tourmente révolutionnaire et des guerres de l'Empire, ne se hasardaient que sur une faible échelle. D'où le peu d'importance des meubles incorporels, de ce que nous appelons aujourd'hui les valeurs mobilières.

On comprend donc très bien que le législateur de l'an XII ait établi une différence entre les meubles et les immeubles, lorsqu'il s'est agit de savoir si les privilèges généraux, qui grèvent l'ensemble des meubles, devaient passer avant les privilèges spéciaux mobiliers, comme on les faisait passer avant les privilèges spéciaux immobiliers.

A cette double objection, l'on peut répondre, en commençant par la dernière, — la plus faible, — on peut répondre que s'il est des immeubles de grande valeur, il en est davantage dont le prix est peu élevé. — Cela est surtout vrai en France où la propriété du sol est très divisée. —

Or, ceux dont le patrimoine est grevé des dettes, que la loi privilégie dans l'article 2101, ceux-là en général sont de pauvres gens qui, s'ils possèdent un bien foncier, certes ne possèdent qu'un bien de faible valeur. Un lopin de terre est tout leur patrimoine. — C'est le plus grand nombre.—

Que devient alors cette explication de l'article 2105 ?

Quant à la première objection, celle de ceux qui argumentent *a contrario* du texte de l'article 2105, elle serait juste s'il n'était pas possible d'expliquer dans le premier système pourquoi le texte parle des privilèges spéciaux immobiliers, et laisse de côté les privilèges spéciaux mobiliers :

Le législateur voulait subordonner à une condition la préférence, qu'il accordait aux privilèges généraux de l'article 2101 sur les privilèges spéciaux immobiliers de l'article 2103.

Cette condition est dans l'obligation de discuter au préalable le mobilier du débiteur commun, et de ne se faire payer sur les immeubles, que tout autant qu'on aura constaté l'insuffisance du mobilier, et dans la mesure de cette insuffisance.

Voilà pourquoi la loi a parlé du concours des privilèges généraux avec les privilèges immobiliers, et a laissé dans l'ombre le concours des privilèges généraux avec les privilèges spéciaux mobiliers.

Il ne faut donc pas interpréter son silence, comme emportant l'exclusion des privilèges généraux par les privilèges spéciaux mobiliers.

En dernier lieu, se présente l'argument le meilleur de ce système, suivant notre avis : c'est celui tiré des motifs qui ont guidé le législateur, lorsqu'il a privilégié les créanciers de l'article 2101 :

N'est-il pas juste que des privilèges fondés sur des motifs d'humanité, comme celui des frais de la dernière maladie, des gens de service, des fournisseurs de subsistances ; — sur un motif de salubrité, par suite d'ordre public, comme celui des frais funéraires ; — enfin sur un motif d'une équité non contestable, comme celui des frais de justice qui ont profité à tous ; — n'est-il pas juste que ces privilèges, inspirés par des motifs d'intérêt général, l'emportent sur des privilèges, dont la base est l'intérêt particulier ?

A ce système l'on oppose l'article 662 du Code de procédure, lequel s'exprime ainsi :

« Les frais de poursuite seront prélevés par privilège *avant toute créance autre que celle pour loyers dus au propriétaire.* »

Si, dit-on, le privilège du locateur, qui est un privilège spécial mobilier, l'emporte sur le privilège des frais de poursuite, — lequel n'est autre que le privilège général qui assure le paiement des frais de justice, — il n'y a pas de raison pour que les autres privilèges spéciaux ne l'emportent pas également sur les privilèges généraux. — Il faut généraliser ce principe que le texte ne cite que par occasion.

L'objection est peu pressante : car s'il est vrai que le locateur pour ses loyers passe avant les créanciers, munis d'un privilège général, comme celui qui a fait les frais de poursuite, c'est que ces frais ne lui ont pas profité.

L'article 661 du Code de procédure ne lui donne-t-il pas en effet le droit d'appeler la partie saisie et l'avoué le plus ancien en référé devant le juge-commissaire, pour faire statuer préliminairement sur son privilège pour raison des loyers à lui dus ?

Les frais de poursuite sont donc inutiles au propriétaire, créancier de loyers en retard.

Dès lors que le motif du privilège des frais de justice, — le profit qu'en retire chaque créancier — n'existe pas à son égard, ce qui fait que son privilège obtient la primauté,

Comment conclure de là que ce privilège l'emportera sur l'autre, parce qu'il est spécial, tandis que celui-ci est général ?

Comment faire sortir de là la règle que les privilèges spéciaux mobiliers l'emportent sur les privilèges généraux ?

S'il existait un texte qui donnât au privilège du locateur la préférence sur le privilège des frais de vente ou autres, dont le locateur eût tiré un profit, l'argument serait décisif en faveur des privilèges spéciaux mobiliers. Leur supériorité ne serait plus contestée. — Mais ce texte manque, et dès lors l'objection s'évanouit.

Tels sont les arguments du premier système, celui qui donne aux privilèges généraux de l'article 2101 le premier rang par rapport aux privilèges spéciaux de l'article 2102.

Voyons maintenant les réponses que les partisans du second système font aux arguments de la première opinion.

Ce second système se subdivise :

Les uns font passer les privilèges spéciaux de l'article 2102 avant les privilèges généraux de l'article 2101 sans aucune exception.

Les autres mettent en première ligne, avant les privilèges spéciaux de l'article 2102, le privilège des frais de justice, que l'article 2101 lui-même met en tête des privilèges généraux qu'il énumère.

Un partisan de cette seconde branche du second système classe après les frais de justice, ce que l'on appelait autrefois les frais funéraires de premier ordre. Par là on entendait les frais d'enlèvement et d'enfouissement du corps.

L'auteur de cette opinion s'appuie sur l'absolue nécessité de ne pas laisser un cadavre sans sépulture. La salubrité publique y est intéressée.

Telle était dans l'ancien droit français l'opinion de Pothier, basée sur les usages d'alors.

Arrivons à la discussion et à la réfutation du système précédent.

Le premier argument de ce système est tiré de la place que l'article 2101 occupe, en tête de l'énumération des privilèges.

A cela répondons que si dans les articles 2102 et 2105, l'ordre des numéros ne prouve rien pour le classement des privilèges spéciaux entre eux, puisque l'on considère uniquement la cause de la faveur légale, on ne voit pas pourquoi il faudrait, pour le classement des privilèges spéciaux de l'article 2102 en concours avec les privilèges généraux de l'article 2101, prendre en considération l'ordre des articles.

Le deuxième argument est tiré de la généralité des biens sur lesquels portent les privilèges généraux, en opposition à la spécialité des biens grevés des privilèges de l'article 2102.

La réponse est encore plus facile.

Si les privilèges de l'article 2101 portent sur l'ensemble des meubles du débiteur, et subsidiairement sur les immeubles, c'est qu'il n'y avait pas de raison pour les faire porter sur tel meuble plutôt que sur tel autre.

Or cette raison-là existe quand il s'agit des privilèges de l'article 2102.

Chacun d'eux porte sur un ou plusieurs objets déterminés, parce que hors de là le privilège n'aurait pas de motif.

Pourquoi voudrait-on étendre le privilège du locateur au-delà des meubles garnissant la maison ou la ferme? Quelle serait alors la raison d'être du privilège?

De même des autres privilèges dont la base est une constitution expresse ou tacite de gage, celui de l'aubergiste, du voiturier, etc.

Comment les faire porter sur des objets autres que ceux dont le créancier est nanti ?

Le vendeur qui a mis un certain bien dans le patrimoine du débiteur, pourrait-il sans injustice revendiquer un privilège sur d'autres biens que ceux par lui apportés ?

L'ouvrier qui a réparé un objet, pourrait-il davantage se prévaloir du privilège des frais de conservation sur des objets autres que celui qu'il a conservé par son travail ?

On ne peut donc trouver dans la généralité du privilège une cause de priorité. Les privilèges de l'article 2101 sont généraux, parce qu'ils ne pouvaient pas ne pas l'être, qu'il n'y avait pas de raison pour les faire porter sur tel bien plutôt que sur tel autre, et non parce qu'ils sont plus favorables que ceux de l'article 2102.

Quant à ce qui concerne l'article 2105, dont le premier système tire un argument *a pari*, le système adverse un argument *a contrario*, nous nous sommes suffisamment expliqués pour ne pas y revenir.

Vient enfin l'argument final, celui tiré des motifs de l'article 2101, et certainement le meilleur :

Certes, à première vue il semble que les considérations d'humanité et d'ordre public doivent faire passer les privilèges, qu'elles ont inspirés au législateur, avant les privilèges fondés sur un ordre d'idées moins élevées.

Il n'en est rien cependant.

— Laissons de côté les frais de justice, puisque même dans notre système on leur donne un rang préférable à celui des privilèges spéciaux de l'article 2102. —

Oui, il est profondément humain de venir au secours de

ceux que la maladie assiège et empêche de pourvoir par leur travail au paiement de ceux qui consacrent leur science à les soulager, sinon les guérir.

De là le privilège des frais de la dernière maladie (2101, 5ᵉ alin.).

Oui, il est également humain de ne pas priver une personne, infirme peut-être, des soins de ses gens, — un industriel de la coopération de ses ouvriers.

De là le privilège des gens de service, des commis, et des ouvriers (art. 2101, 4ᵉ alin. Code civil, art. 549 Code de commerce).

Oui, il est humain de ne pas priver un malheureux accablé de dettes, des moyens de subvenir à son alimentation et à celle de sa famille.

D'où le privilège des fournisseurs de subsistances (art. 2101, 5ᵉ alin.).

Oui enfin, il est d'ordre public qu'un cadavre ne reste pas sans sépulture (jadis, frais funéraires de premier ordre, comprenant l'enlèvement et l'ensevelissement du corps), et même, mais à un moindre degré, qu'on ne l'enfouisse pas sans quelque cérémonie rappelant qu'il n'y a pas en nous que la matière (jadis, frais funéraires de second ordre).

Oui, tout cela est vrai, tout cela est respectable.

Mais faut-il pour cela mettre à néant des droits acquis, jeter le trouble dans les relations sociales ?

Ne voit-on pas qu'on altère le crédit, lorsqu'on ôte au propriétaire qui loue, au capitaliste qui prête, à celui qui fait des frais pour la conservation du gage commun, au vendeur, à l'aubergiste, au voiturier, enfin à l'Etat et aux particuliers victimes d'abus émanant de certains fonctionnaires, lorsqu'on leur ôte le moyen de mettre leur créance à l'abri de l'insolvabilité de leur débiteur ?

S'il est nécessaire que l'on vienne en aide au débiteur obéré en lui assurant le pain quotidien par le privilège qu'on octroie au fournisseur ; — que l'on encourage le médecin et le pharmacien à secourir l'indigent qui agonise sur son grabat, — si tout cela est nécessaire, n'est-il pas nécessaire aussi d'assurer un gîte à ce même indigent ?

N'est-il pas d'ordre public que les particuliers et l'Etat ne soient pas livrés sans quelque garantie à la merci de fonctionnaires ou d'officiers publics, dont l'intermédiaire est si souvent obligatoire ?

N'est-il pas des circonstances où il faut à tout prix se procurer de l'argent, ne serait-ce que pour vivre ?

Et ne dites pas que celui, qui fournit ainsi des deniers pour acheter des aliments, pourra se prévaloir du privilège des fournisseurs de subsistances.

Cela n'est possible que lorsqu'il s'agit soit du vendeur de denrées indispensables pour vivre, soit de l'aubergiste qui fournit les aliments nécessaires à la nutrition — non des aliments de luxe.

Ces divers créanciers n'auront intérêt à se prévaloir de l'article 2101, qu'autant que vous admettrez la supériorité des privilèges généraux sur les privilèges spéciaux de l'article 2102.

Dans les autres cas énumérés par l'article 2102, vous ne trouverez peut-être pas la même nécessité de faire passer lesdits privilèges avant ceux de l'article 2101, mais il restera les considérations que nous avons présentées au début de cette controverse.

Ainsi donc pour nous résumer, les privilèges spéciaux de l'article 2102 passeront avant les privilèges généraux de l'article 2101.

Nous ne ferons une exception qu'en faveur des frais de justice, adoptant ainsi l'opinion des dissidents du second système.

Peut-être faudrait-il excepter également les frais funéraires de premier ordre, c'est-à-dire les frais d'enlèvement et d'enfouissement du corps, parcequ'il importe à la société que les cadavres ne restent pas sans sépulture. Sinon des épidémies terribles séviraient dans les campagnes et les cités, ainsi qu'on en a fait la triste expérience après des guerres meurtrières.

Nous aurions pour appui de cette opinion l'autorité considérable de Pothier et celle de M. Valette.

Mais il s'élève une objection : L'assistance publique se charge des frais de sépulture de ceux qui meurent dans une indigence dûment constatée. Les dangers dont nous parlions et qui résulteraient du non enfouissement des cadavres, ne sont donc plus à craindre.

Si dans l'ancien droit Pothier classait le privilège des frais funéraires de premier ordre immédiatement après celui des frais de justice, avant les privilèges spéciaux, c'est que sans doute, les services publics n'étant pas alors organisés comme aujourd'hui, il était à craindre que des cadavres restassent sans sépultures, pourrissant dans les taudis qui avaient abrité leur agonie.

Mais à l'époque de la rédaction du Code civil il n'en était plus ainsi :

Des bureaux de bienfaisance pour distribuer des secours aux pauvres à domicile avaient été créés par la loi du 7 Frimaire, an V, comme cantonaux, et comme communaux d'après la loi du 28 pluviôse an VIII.

Un indigent ne restera donc pas sans sépulture et dès lors il n'est pas nécessaire de donner au privilège des frais funéraires, même de premier ordre, la préférence sur les privilèges spéciaux de l'article 2102.

Les frais de justice ont été faits dans l'intérêt de la masse des créanciers, de ceux dont le privilège est spécial comme de ceux dont le privilège est général.

Il est donc de toute équité que le privilège, qui en garantit le paiement, l'emporte sur tous les autres privilèges.

Telle était l'opinion que Pothier exprimait dans son traité de la Procédure civile :

« La créance la plus privilégiée est celle des frais de saisie, de garde et de vente ; car ils sont faits pour la cause commune de tous les créanciers. »

Il nous faut maintenant établir notre système par des arguments directs. — Jusqu'ici nous n'avons fait que réfuter les arguments du premier système.

Le privilège des frais de justice est mis par l'article 2101 en tête de la liste des privilèges généraux.

Nous le classons également avant les privilèges spéciaux,

tandis que nous avons posé comme principe que les privilèges spéciaux de l'article 2102 l'emportent sur les privilèges généraux.

La raison de cette préférence accordée aux frais de justice, nous l'avons déjà donnée : c'est que ces frais *ont profité* aux autres créanciers en liquidant le patrimoine du débiteur commun.

Semblable préférence doit être accordée aux privilèges qui reposent sur la même base : *le profit* qu'en ont retiré les autres créanciers.

C'est ainsi que le vendeur ayant augmenté le gage commun, — le patrimoine du débiteur —, il est juste qu'il passe avant les créanciers à privilèges généraux, puisque ceux-ci sont primés par le privilège des frais de justice.

Or le privilège du vendeur a une base identique à celle du privilège des frais de justice : le *profit procuré* à la masse des créanciers, et par suite aux créanciers à privilèges généraux.

Le privilège spécial du vendeur doit donc l'emporter sur les privilèges généraux de l'article 2101.

Pareillement le privilège de celui qui a fait des frais pour la conservation d'un objet, ayant la même base que le privilège des frais de justice, — *profit* qu'en ont retiré les autres créanciers — ce privilège primera les privilèges généraux, puisque celui des frais de justice l'emporte sur ceux-ci, selon le texte même de l'article 2101.

Bien entendu que le privilège des frais de justice a toujours le premier rang, même dans ces deux hypothèses, puisque le vendeur comme le créancier conservateur ont tous deux *profité* de ces frais.

Si nous passons aux privilèges basés sur une constitution expresse ou tacite de gage, outre l'idée du profit que nous retrouvons ici, nous rencontrons une seconde raison de préférer ces privilèges là aux privilèges généraux.

Cette raison, la voici :

Quiconque a voulu acquérir un droit réel sur un meuble, pourvu qu'il remplisse les conditions voulues, peut invoquer la règle de l'article 2279, 1. alin. :

« En fait de meubles la possession vaut titre. »

Le créancier gagiste peut donc s'en prévaloir, puisque son droit est réel.

Le législateur lui même a fait l'application de ce principe, quand il s'est agi du concours du privilège du locateur avec celui du vendeur. Le locateur prime ou est primé par le vendeur, suivant qu'il a ignoré ou qu'il a su que les meubles, introduits dans les lieux loués, n'appartenaient pas définitivement au locataire ou au fermier, le prix n'ayant pas été payé.

Telle est la disposition de l'article 2102, 4e alin. 5e ; § et nous l'avons étudiée dans la première partie de notre dissertation.

Or si le fait de la possession, joint à la bonne foi, l'emporte sur le droit le plus absolu, le droit de propriété, combien à plus forte raison ne doit-il pas l'emporter sur un droit moindre, sur un privilège ?

Donc le locateur, le créancier auquel le débiteur a remis le gage convenu, l'aubergiste, le voiturier, enfin l'Etat et les particuliers, lésés par les fautes commises par certains fonctionnaires ou officiers publics dans l'exercice de leurs fonctions, tous ceux là l'emporteront donc sur les créanciers privilégiés par l'article 2101, sauf bien entendu ceux qui ont fait les frais de justice, dont tous ont profité.

En résumé les sept privilèges spéciaux de l'article 2102 l'emporteront sur les quatre derniers privilèges généraux de l'article 2101.

En faveur de ce système nous pouvons invoquer d'une part l'opinion de Pothier, de l'autre un acte de notoriété du Châtelet de Paris, du 4 août 1692 :

Pothier classait les privilèges spéciaux avant les privilèges généraux, sauf le privilège des frais de justice et celui des frais funéraires de premier ordre.

Quant à l'acte notoriété précité, il faisait passer le privilège du locateur après les frais funéraires de premier ordre (enlèvement et ensevelissement du corps), mais il lui donnait la préférence sur les frais funéraires de second ordre et sur les autres privilèges généraux.

En généralisant cette décision, on peut en conclure que tous les autres privilèges spéciaux mobiliers l'emportaient à l'instar du privilège du locateur, sur les privilèges généraux autres que celui des frais funéraires de premier ordre.

Nous pouvons également invoquer la loi du 1er Germinal de l'an XIII :

L'article 47 de cette loi mettait les frais de justice, et *six mois de loyers*, — par conséquent un privilège spécial, —, avant le privilège de la Régie des contributions indirectes, privilège qui pourtant l'emportait sur les privilèges généraux.

En généralisant ce texte, un peu postérieur au Code civil

(qui fut promulgué le 30 Ventôse an XII) et, par conséquent, ayant dû refléter la pensée du législateur du Code,
nous déciderons que les autres privilèges spéciaux sur meubles auront, comme celui des loyers, la préférence sur les
privilèges généraux.

Enfin ont peut citer l'article 2073 du Code civil, lequel,
ne précisant pas, peut concorder avec notre système :

« Le gage confère au créancier le droit de se faire payer
sur la chose qui en est l'objet, par privilège et *préférence
aux autres créanciers.*

« aux autres créanciers » — Comme le texte ne distingue pas, ces mots peuvent s'appliquer aux créanciers privilégiés comme aux créanciers hypothécaires.

Ce que d'après nous le texte dit du créancier gagiste,
nous l'étendrons aux autres créanciers à privilèges spéciaux
sur meubles, et nous arriverons toujours à la même
conclusion : la prédominance des privilèges spéciaux mobiliers sur les privilèges généraux, sauf celui des frais de
justice.

Ainsi donc au premier rang le privilège des frais de
justice.

Au second rang les privilèges spéciaux de l'article
2102.

Enfin au troisième rang, les privilèges généraux des quatre derniers alinéas de l'article 2101.

Mais observons que le privilège des frais de justice, ainsi
que nous l'avons fait remarquer ailleurs, ne l'emporte sur
les autres privilèges que tout autant que ces frais ont été
utiles à tout sans exception.

Si donc parmi les créanciers privilegiés, quelques uns n'en ont pas profité, ils ne seront pas primés par le privilège qui y est attaché, et qui à leur égard n'aurait pas de raison d'être.

Pour reprendre l'exemple, que nous avons déjà donné à cette occasion, c'est ainsi qu'aux termes de l'article 662 du Code de Procédure, les frais de poursuite seront prélevés par privilège avant toute créance, *autre que celle pour loyers dus au propriétaire.*

Et cela, parceque le locateur n'a pas profité de ces frais, puisque l'article 661 du même code lui permet de faire statuer préliminairement sur son privilège pour raison de loyers à lui dus.

Nous avons terminé l'étude du concours des privilèges spéciaux avec les privilèges généraux. Le chapitre suivant nous fera exrminer une matière qui n'a pas été davantage traitée par le législateur, sauf deux cas déjà commentés dans la première partie de notre dissertation.

C'est le concours des privilèges spéciaux mobiliers entre eux, et le classement qui en est le corollaire forcé.

CHAPITRE II

DU CONCOURS DES PRIVILÉGES SPÉCIAUX MOBILIERS ENTRE EUX

Si nous recherchons les causes des privilèges grevant certains meubles, nous en trouvons deux :

En premier lieu : *Mise d'une valeur dans le patrimoine du débiteur commun, ou conservation d'un objet de ce patrimoine.*

En second lieu : *Constitution expresse ou tacite de gage.*

Le privilège du vendeur et le privilège de celui qui a fait des frais de conservation se rattachent : le premier à la mise d'une valeur dans le patrimoine du débiteur, le second à la conservation de ce même patrimoine.

Sont fondés sur une constitution expresse ou tacite de gage les cinq autres privilèges énumérés dans l'article 2102, et dont nous allons pour la seconde fois donner la nomenclature :

1° Le privilège du locateur, sur le mobilier garnissant la maison ou la ferme.

2° Le privilège du gagiste, sur l'objet dont il est nanti en vertu de la convention.

3° Le privilège de l'aubergiste, sur les effets transportés par les voyageurs dans son auberge.

4° Le privilège du voiturier, sur la chose voiturée.

5° Le privilège des créanciers pour faits de charge, sur les fonds du cautionnement.

Parlons d'abord des privilèges fondés sur l'idée d'augmentation ou de conservation du patrimoine du débiteur.

Pour saisir l'ensemble du système, il nous faut revenir sur une matière déjà traitée : — les cas prévus par le législateur —, et en déduire les principes, qui nous guideront pour le classement des privilèges non classés par le Code.

L'article 2102, 1 alin., 4° § donne au privilège des sommes dues pour les semences ou pour les frais de la récolte de l'année d'une part, de l'autre au privilèges des sommes dues pour ustensiles, leur donne la préférence sur le privilège du locateur même de bonne foi.

En second lieu le même article dans son 4° alinéa, troisième paragraphe, classe le privilège du locateur avant ou après celui du vendeur des meubles, introduits dans les lieux loués, suivant qu'il a ignoré ou qu'il a su que le prix de ces meubles n'avait pas encore été payé.

Le principe qui ressort de ces deux cas prévus par la législateur, c'est que celui-là doit avoir un privilège d'un rang inférieur, qui a profité de la valeur mise ou conservée dans le patrimoine du débiteur commun par un autre créancier également privilégié à raison de ce fait.

Mais dans le second cas prévu par la loi, celui du locateur mis en face du vendeur, dont l'un privilégié pour ses loyers et l'autre pour son prix de vente, dans cette hypothèse, à l'idée de profit, que retire l'un des créanciers de la chose mise dans le patrimoine du débiteur par le fait de l'autre, il faut ajouter l'idée principale : celle de la possession appuyée sur la bonne foi (article 2279 , 1 alin.).

C'est ce texte qui nous explique bien pourquoi la bonne foi est requise chez le locateur, afin qu'il l'emporte sur le vendeur réclamant le prix des meubles vendus au locataire.

Sans doute l'on peut dire que le locateur de bonne foi, ayant compté sur les meubles, introduits dans sa maison ou dans sa ferme, soit au début de la location, soit postérieurement, *n'en a pas tiré profit* ; car, à défaut de ce mobilier, ou il aurait refusé de louer, ou il aurait fait résilier le bail ou il aurait donné congé, — tandis. que le locateur de mauvaise foi, c'est-à-dire ayant su que le vendeur des meubles n'avait pas encore été payé, tandis que celui-là *a tiré profit* de ce gage fragile, puisqu'il s'en est contenté.

Cette idée est parfaitement exacte.

Mais lorsque le privilège repose ainsi sur une constitution de gage, sinon expresse, au moins tacite, il ne faut pas oublier que la cause de sa supériorité est dans le principe de l'article 2279, 1ᵉʳ alin. :

« En fait de meuble la possession vaut titre. »

Ce principe, étant plus précis, nous explique mieux la décision de la loi, que l'idée un peu vague du profit tiré ou non de la chose par le locateur, suivant qu'il est de mauvaise foi ou de bonne foi.

Cette idée de profit tiré de la chose s'applique surtout au classement de l'article 2102, 1er alin. 4e paragr., parce que ici nous n'avons pas, comme dans le cas précédent, à nous inquiéter de la bonne ou de la mauvaise foi du créancier privilégié :

Le propriétaire est primé, d'une part, tant par le vendeur des semences que par ceux qui ont ensemencé ou qui ont fait la récolte, de l'autre, tant par celui qui a vendu les ustensiles aratoires que par celui qui les a réparés, il est primé, parce que dans un cas comme dans l'autre il *a tiré profit* de ce qu'ont fait les créanciers qui l'emportent sur lui.

Peu importe sa bonne ou sa mauvaise foi, parce qu'il ne s'agit plus ici de l'article 2279, 1er alin., dont le principe est mis de côté à raison des circonstances que nous avons longuement indiquées dans la première partie de notre travail.

La dérogation à ce principe n'a d'ailleurs lieu qu'au cas de vente, soit des ustensiles aratoires, soit des semences.

Pour les semences, elle est fondée sur l'absolue nécessité de se procurer des grains si l'on veut faire produire à la terre des récoltes ; et quant aux ustensiles aratoires, le motif de la dérogation est dans l'usage des tenanciers d'avoir un compte-courant chez celui qui vend ou répare les ustensiles en question. Le propriétaire n'a pas dû ignorer cet usage ; s'il l'ignore, *il est en faute.*

— Nous nous sommes déjà expliqués là-dessus, mais

l'enchaînement des idées nous y ramène forcément. —

Quant à ceux qui ont fait les semailles ou qui ont récolté ou vendangé d'une part, de l'autre ceux qui ont réparé les ustensiles aratoires, s'ils priment le propriétaire, c'est uniquement parce qu'ils ont utilisé ou conservé le gage de celui-ci. Ce dernier *ayant profité* de leurs travaux, il est de toute justice qu'il soit primé par eux.

Il n'y a ici aucune dérogation à l'article 2279. C'est l'application dans toute sa pureté de la théorie que nous avons ci-dessus exposée sur le profit tiré par les uns de la chose mise ou conservée par d'autres dans le patrimoine du débiteur commun.

Ainsi donc, voilà les deux grands principes, dont nous aurons à développer les conséquences :

D'une part le profit tiré d'une valeur créée ou conservée.

De l'autre la règle de l'article 2279, 1er alin. : « En fait de meubles la possession vaut titre. »

Qu'il s'agisse de priviléges fondés sur une constitution soit expresse, soit tacite du gage, ou qu'il s'agisse de priviléges reposant sur l'idée d'une valeur mise ou conservée dans le patrimoine du débiteur commun, nous pouvons procéder au classement en nous appuyant sur le même principe : *le profit retiré d'une valeur mise ou conservée* dans le patrimoine du débiteur.

Mais ce principe s'applique surtout au classement des priviléges qui sont basés sur la mise ou la conservation d'une chose dans le patrimoine du débiteur commun.

Lors, au contraire, qu'il s'agit de priviléges reposant sur

un gage exprès ou tacite, comme la base principale pour le classement en est dans l'article 2279, 1er alin., le principe du profit tiré de la chose mise ou conservée dans le patrimoine du débiteur par d'autres que le créancier gagiste, ce principe n'est plus que d'un intérêt secondaire.

Il nous faut maintenant appliquer ces principes aux privilèges dont le classement n'a pas été fait par le législateur.

Mais au préalable complétons un classement que le Code n'a opéré qu'à moitié.

C'est l'hypothèse de l'article 2102, 1er alin, 4e paragr.

Nous avons vu que la loi dans ce texte fait passer le privilège des sommes dues pour semences, pour frais de récolte, pour ustensiles vendus ou réparés, qu'elle fait passer ces divers privilèges avant celui du propriétaire créancier de fermages.

Mais la loi a oublié de nous dire qui du vendeur des semences, de l'ouvrier qui a ensemencé ou qui a fait la récolte, qui doit l'emporter sur l'autre.

Même silence sur le classement du privilège du vendeur ou de celui qui a réparé des ustensiles aratoires, par rapport aux privilèges ci-dessus énoncés.

En nous conformant aux principes que nous avons exposés, nous donnerons au moissonneur ou vendangeur la préférence sur les autres. Il a, en effet, conservé le gage commun, et dès lors ceux-ci *ayant tiré profit* du travail de celui-là, il est de toute justice qu'il leur soit préféré.

Pour la même raison l'ouvrier qui a réparé un ustensile devra, sur le prix de cet ustensile, l'emporter sur les autres, ceux-ci *ayant tiré profit* de cet acte conservatoire.

Semblable motif fera passer le vendeur de semences sur le prix de la récolte, le fera passer après l'ouvrier qui a fait les semailles, puisque cet ouvrier a conservé le gage du vendeur, — les semences vendues, en les utilisant. —

Le vendeur, *ayant tiré profit* du travail de ceux qui ont ensemencé, devra, d'après nos principes, être primé par ceux-ci.

Mais à leur tour ceux qui ont fait les semailles seront, sur le prix de cette même récolte, primés par les moissonneurs et vendangeurs, ceux-ci ayant conservé le gage commun et ceux-là ayant dès lors *profité* de cette opération finale.

Voici donc le classement que nous proposons :

1° Les moissonneurs et vendangeurs,   sur le prix
2° Ceux qui ont fait les semailles,   de la
3° Ceux qui ont vendu les semences,   récolte

1° Ceux qui ont réparé les ustensiles aratoires, sur le prix
2° Ceux qui les ont vendus.   des ustensiles

Tous ces créanciers privilégiés passeront avant le propriétaire, nonobstant le privilège attaché à sa créance de loyers.

Mais ici la loi a parlé.

Revenons maintenant au classement des privilèges fondés sur l'*augmentation ou la conservation* du gage commun, hormis ceux dont nous venons de nous occuper pour une raison particulière.

Classons d'abord les privilèges qui sont fondés sur une cause différente ; puis viendra le tour des privilèges qui reposent sur la même base.

Privilèges fondés sur une cause différente :

Si nous mettons en présence un créancier privilégié, parce qu'il a mis une valeur dans le patrimoine du débiteur, et un créancier privilégié parce qu'il a conservé le gage commun, — par exemple un vendeur, et un ouvrier qui aura réparé l'objet vendu, — nous donnerons la préférence à l'ouvrier, parce qu'il aura fait l'affaire du vendeur.

Ce dernier *ayant profité* du travail de l'ouvrier, doit, d'après nos principes, être primé par cet ouvrier.

L'ouvrier aura nécessairement travaillé pour le propriétaire actuel, car, s'il avait travaillé pour l'ancien propriétaire, sitôt la vente opérée et le bien passé des mains du vendeur dans celles de l'acheteur, le privilège du conservateur se sera évanoui, puisque :

« Les meubles n'ont pas de suite par hypothèque » (art. 2119 du Code civil).

Or, le privilège n'étant qu'une hypothèque privilégiée,

ce qui est vrai de l'un doit également être vrai de l'autre.

Il faudra bien entendu excepter le cas de mauvaise foi de l'acheteur, car l'article 2119 n'est qu'un corollaire de l'article 2279, 1er alin.; et, lorsque ce dernier ne peut s'appliquer, le premier ne peut pas davantage s'appliquer.

Dans cette hypothèse le privilège du conservateur suivra le bien dans les mains de l'acheteur, et sur le prix du meuble revendu primera le privilège du vendeur.

Dans un cas comme dans l'autre, si le créancier conservateur l'emporte sur le vendeur, c'est que ce dernier *a tiré profit* du fait de l'autre.

C'est toujours l'application du même principe.

La loi nous en a donné un exemple, et c'est cet exemple que nous généralisons.

N'avons-nous pas vu l'article 2101 faire passer le privilège des frais de justice avant celui des fournitures de subsistances?

La raison de cette préférence n'est-elle pas que le vendeur des subsistances *a tiré profit* de cet acte de conservation, qui a consisté à liquider le gage commun?

Privilèges fondés sur la même cause

Si maintenant nous comparons entre eux, deux privilèges fondés sur la même cause, sur l'idée de l'augmentation ou de la conservation du gage commun, le classement sera plus facile encore.

Si, par exemple, plusieurs personnes ont vendu successivement le même meuble, et que, le prix n'ayant été payé ni à l'une, ni à l'autre, le bien soit saisi entre les mains du dernier acheteur, comment régler le concours de ces divers privilèges dont la cause est la même : la mise d'une valeur dans le patrimoine du débiteur commun ?

L'article 2103, 1er alin., nous donne la solution de cette question :

Le premier vendeur l'emportera sur tous les autres, parce que c'est lui qui le premier a mis cette valeur dans le patrimoine du débiteur. — Les vendeurs postérieurs ont *tiré profit* de cette première aliénation, puisque sans elle ils n'auraient pu à leur tour revendre et acquérir ainsi la créance privilégiée du vendeur. Dès lors l'équité exige qu'ils soient primés par ce vendeur premier en date.

Si la seconde vente s'est faite à un prix plus élevé que la première, la troisième à un prix plus élevé que la seconde et ainsi de suite, nous appliquerons le même principe, et ferons pour chaque vendeur successif, à l'égard de ceux qui le suivent, le même raisonnement que pour le premier vendeur en opposition d'intérêt avec les vendeurs postérieurs.

Le second vendeur l'emportera sur le troisième, puisque celui-ci *a profité* de la seconde vente, et ainsi de suite.

Mais cette application en notre matière de l'article 2103, 1er alin., soulève une objection :

L'article 2103, 1er alin., classant des privilèges grevant des immeubles, se comprend aisément.

Mais il n'en est pas de même ici, car :

« En fait de meubles la possession vaut titre » art. 2279 1er alin.

Si le droit de suite, suivant cette règle, fait défaut au vendeur d'un meuble, exerçant son privilège, comment le premier vendeur pourra-t-il l'emporter sur le second, puisque celui-ci n'a plus la possession du meuble acheté et revendu ?

Comment le second pourra-t-il l'emporter sur le troisième, et ainsi de suite ?

C'est que le principe de l'article 2279, 1er alin., ne s'applique pas, nous l'avons déjà dit, si le tiers acquéreur est de mauvaise foi ; si, dans notre hypothèse, il a su que le premier ou le subséquent vendeur n'avait pas été payé.

S'agirait-il de mettre en présence des créanciers dont les privilèges respectifs reposent sur l'idée de conservation du patrimoine du débiteur ?

Ici l'antériorité dans le temps donnera l'infériorité dans le rang.

Le dernier créancier ayant fait l'affaire de tous ceux qui le précèdent, il est équitable que ceux-ci, *ayant profité* des frais ou des travaux conservatoires faits en dernier lieu, soient primés par le créancier qui a fait ces frais ou procédé à ces travaux.

Ont-ils tous travaillé ou fait des avances à la même époque, à la même date ?

Ils viendront tous au marc le franc, car il n'est pas de raison pour préférer l'un à l'autre, celui-ci n'ayant *pas plus profité* des actes de celui-là, que celui-là *n'a profité* des actes de celui-ci.

L'article 325 du Code de commerce fait l'application de la première de ces deux règles ; et l'article 191 du même Code nous montre, dans son avant-dernier alinéa, un exemple de la seconde règle.

Lisons ces deux textes :

Article 325 : « Les emprunts faits pour le dernier voyage du navire sont remboursés par préférence aux sommes prêtées pour un précédent voyage, quand même il serait déclaré qu'elles sont laissées par continuation ou renouvellement.

« Les sommes empruntées pendant le voyage sont préférées à celles qui auraient été empruntées avant le départ du navire ; et s'il y a plusieurs emprunts faits pendant le même voyage, le dernier emprunt sera toujours préféré à celui qui l'aura précédé. »

Article 191, avant-dernier alinéa : « Les créanciers compris dans chacun des numéros du présent article viendront en concurrence, et au marc le franc, en cas d'insuffisance du prix. »

Or le septième numéro de cet article est ainsi conçu :

« Les sommes prêtées au capitaine pour les besoins du bâtiment pendant le dernier voyage, et le remboursement du prix des marchandises par lui vendues pour le même objet. »

Ajoutons que l'article 191 débute en ces termes :

« Sont privilégiées, et dans l'ordre où elles sont rangées, les dettes ci-après désignées ; »

Il s'agit bien dans cet article 191, 7ᵉ alin., de sommes prêtées à la même époque et pour les mêmes besoins, puisque le texte *in fine* met sur la même ligne ceux qui en sont créanciers, et que d'autre part l'article 325 donne la préférence au dernier prêteur, lorsqu'il s'agit de prêts contractés à des époques différentes.

Ce que nous disons du septième numéro de l'article 191 est également vrai des autres numéros, puisqu'il s'agit toujours de créanciers ayant fait des actes conservatoires au même moment et à la même occasion.

Or il est de principe que :

« Privilegiatus non habet privilegium contra æque privilegiatum » (art. 2097 du Code civil).

Nous en sommes arrivés à la seconde partie de notre classement : le classement des privilèges basés sur une constitution expresse ou tacite de gage.

Nous considérerons ces privilèges d'abord entre eux : puis nous les comparerons aux privilèges, dont la cause est l'augmentation ou la conservation du patrimoine du débiteur commun.

Des privilèges, fondés sur une constitution de gage expresse ou tacite, considérés entre eux :

Le créancier, qui s'est fait donner un gage, puise son privilège dans une convention expresse.

Le locateur, l'aubergiste, le voiturier et les créanciers pour faits de charge puisent le leur dans une constitution tacite.

Chacun de ces privilèges supposent la possession du meuble ou des meubles grevés du droit de gage.

C'est ainsi que le locateur n'aurait pas de privilège, si les meubles du locataire ou du fermier ne garnissaient pas la maison ou la ferme.

De même de l'aubergiste, si les effets du voyageur n'avaient pas été transportés dans l'hôtellerie, — du voiturier, s'il n'avait voituré que la personne, — enfin, de l'Etat s'il ne s'était pas fait remettre le cautionnement exigé par la loi.

Dites-en autant, si l'un quelconque de ces créanciers, après avoir été saisi du gage, consentait à s'en dessaisir au profit d'un autre créancier ou au profit du débiteur.

Sans doute il n'est pas nécessaire que ce soit le créancier lui-même qui soit saisi de l'objet engagé ; un tiers peut avoir été choisi comme dépositaire de cet objet. Mais il est essentiel que le débiteur n'en ait pas la détention, sauf si la force des choses s'y oppose, comme au cas de location.

Comment alors s'expliquer le concours de plusieurs créanciers gagistes, puisque le nantissement du créancier est si nécessaire ?

L'explication en est dans l'article 2279 du Code civil :

« En fait de meubles, la possession vaut titre.

Néanmoins celui qui a *perdu* ou auquel il a été *volé* une chose, peut la revendiquer pendant trois ans, à compter du jour de la perte ou du vol, contre celui dans les mains duquel il la trouve ; sauf à celui-ci son recours contre celui duquel il la tient. »

8

L'hypothèse que nous cherchions est donc le cas où l'objet remis en gage a été *volé* ou *perdu* ; l'article 2279, 1er alin., ne s'appliquant pas en cette circonstance, une lutte entre plusieurs créanciers gagistes est alors possible.

Le débiteur peut avoir *soustrait* le gage qu'il avait remis à l'un de ses créanciers, pour le remettre à un autre *même de bonne foi*. — S'il s'agit d'un locataire, il peut avoir détourné tout ou partie de son mobilier, affecté à la garantie du locateur, et l'avoir affecté à la garantie d'une dette qu'il aurait contractée. — Si l'on ne veut pas voir là un vol, à cause de la définition de l'article 379 du Code pénal :

« Quiconque *a soustrait* frauduleusement *une chose qui ne lui appartient pas* est coupable de vol. »

Il faudra alors exiger la *mauvaise foi* du créancier qui contracte avec le locataire.

L'article 2279, 1er alin., ne s'applique pas davantage aux *meubles incorporels*, comme les créances, sauf les titres au porteur, qui sont une sorte de papier-monnaie.

Même décision, si celui qui veut s'en prévaloir a été *de mauvaise foi* ; nous venons de le dire.

Dans toutes ces hypothèses où le créancier nanti en second lieu, ne pourra invoquer l'article 2279, 1er alin., cause de la priorité attachée au privilège du gagiste, ou du moins cause principale, il sera primé par le créancier nanti antérieurement, et dessaisi dans les circonstances que nous venons de rappeler.

Si l'objet donné en gage est un meuble incorporel (1),

---

(1) NOTA. — C'est une question controversée que de savoir si le vendeur d'un meuble incorporel a le privilège du vendeur. Si oui,

la raison de la préférence accordée au premier créancier gagiste est facile à comprendre : c'est que le débiteur n'a pu concéder à un second créancier un droit supérieur à celui qui a été consenti au premier créancier. Le droit de suite de ce dernier ne reçoit aucune atteinte, puisque le principe de l'article 2279 ne s'applique pas ici. Mais il faut que le second gagiste ait été de *mauvaise foi*, car alors il *aura profité* du gage affecté au premier créancier. S'il a été de bonne foi, comme il *n'en aura pas tiré profit*, son privilége primera celui du premier gagiste.

Des priviléges fondés sur une constitution expresse ou tacite de gage, en concours avec les priviléges basés sur l'augmentation ou la conservation du patrimoine du débiteur.

Mettons d'abord le privilége du gagiste en présence du privilége, dont la cause est la mise d'une valeur dans le gage commun.

Ici la loi s'est expliquée, à propos du locateur en lutte avec le vendeur ; et nous n'aurons qu'à généraliser sa décision (art. 2102, 4ᵉ alin., 3ᵉ paragr.).

Le locateur passe avant le vendeur, sur le prix des meubles garnissant la maison ou la ferme, s'il a ignoré que ces meubles n'avaient pas encore été payés, quand le locataire les a introduits dans les lieux loués.

son privilége l'emportera sur celui du gagiste, si ce dernier a été de mauvaise foi, parce que le gagiste *aura profité* de la *versio in rem*. Si non, le gagiste l'emportera, parce qu'il n'en aura pas profité.

Nous en avons donné le motif : c'est que le locateur ayant compté sur ce mobilier pour la garantie de ces loyers, on ne peut pas dire *qu'il en a profité*.

Dans l'hypothèse contraire, la loi donne au vendeur la préférence sur le locateur, parce que ce dernier *a profité* des meubles vendus qu'il savait non payés. Il en a profité puisqu'il s'est contenté d'une garantie aussi aléatoire.

Posons donc comme règle générale que toutes les fois qu'il y aura concours sur le prix d'un objet entre un créancier prétendant un droit de gage sur cet objet, et un créancier qui aura mis cette valeur dans le patrimoine du débiteur, le créancier gagiste l'emportera ou non, *suivant qu'il aura été de bonne ou de mauvaise foi*.

Voyons maintenant l'hypothèse d'un créancier gagiste en conflit avec celui qui a fait des travaux de conservation ou qui en a soldé la dépense.

Il nous faut distinguer :

Si l'acte conservatoire est postérieur à la naissance du droit du créancier gagiste, comme ce dernier *aura tiré profit* de cet acte, il sera primé par le créancier conservateur.

Si au contraire les frais de conservation ou les travaux entrepris directement par le créancier, ont été faits *avant* que le droit de gage soit né, une sous-distinction sera nécessaire :

Ou le gagiste n'aura pas connu les actes de conservation, qui ont grevé d'un privilège le bien qu'on lui a remis en gage expressément ou tacitement :

Alors, *n'en ayant pas profité*, puisqu'il a dû compter sur

un gage franc de toute charge, il primera le créancier auteur des actes de conservation.

Ou bien il aura connu les travaux opérés ou les dépenses faites, par suite le privilège qui y est attaché :

Alors, *comme il a profité* de ces actes conservatoires du patrimoine du débiteur commun, puisqu'il s'est contenté de ce gage singulièrement réduit, la justice commande qu'il soit primé par le créancier conservateur.

Nous pouvons ici raisonner par analogie du classement opéré par le législateur entre le privilège du propriétaire, créancier de loyers, et celui du vendeur des meubles qui ont été introduits dans la maison ou la ferme louée :

Le locateur, un gagiste, l'emporte sur le vendeur, lorsqu'il est de bonne foi, *parce qu'il n'a pas profité* de l'acte de celui-ci ; et au contraire il est primé, lorsqu'il est de mauvaise foi, parce qu'*alors il a profité* de la valeur mise par le vendeur dans le patrimoine du débiteur.

Il en sera de même ici :

Le gagiste de bonne foi primera le créancier conservateur, *parcequ'il n'a pas profité* ; et il n'aura pas profité, parcequ'il ne s'attendait pas à un privilège, dont rien ne faisait soupçonner l'existence.

Sa mauvaise foi, en sens inverse, le fera primer par le créancier conservateur, parceque dans ce cas *il aura profité* des réparations faites au gage commun,

De même que le vendeur a mis dans le patrimoine, du débiteur une valeur, dont le gagiste aura ou non profité suivant la distinction ci-dessus, de même celui qui aura fait les réparations nécessaires à la conservation d'un bien de ce patrimoine, ou qui du moins aura payé des ouvriers pour les faire, celui-là ayant enrichi le gage commun en empêchant une valeur d'en disparaître, devra ou non l'emporter sur le gagiste, suivant que celui-ci *aura ou non tiré profit* de ces réparations, suivant donc qu'il aura été de mauvaise foi ou de bonne foi.

Conclusion : C'est que pour opérer le classement des privilèges spéciaux de l'article 2102, il faut considérer quel est celui des créanciers privilégiés qui *a tiré un profit* de ce que l'autre a fait, et placer celui-ci avant celui-là.

A cette observation générale il nous faut ajouter que pour les privilèges reposant sur une constitution expresse ou tacite de gage, le principe qui domine, lorsqu'il s'agit de les classer soit entre eux, soit par rapport aux privilèges fondés sur l'augmentation ou la conservation du patrimoine du débiteur commun, le principe qui domine c'est celui de l'article 2279, 1 alin :

« En fait de meubles la possession vaut titre. »

L'article 1141 du Code civil complète cette règle en exigeant la bonne foi.

Dans notre droit, la possession d'un meuble, corroborée par la bonne foi, a une puissance si grande qu'elle l'emporte sur le droit de propriété.

A plus forte raison doit-elle l'emporter sur un droit moindre : un droit de privilège.

Si ce raisonnement nous a servi pour faire passer les privilèges spéciaux de l'article 2102 avant les privilèges généraux de l'article 2101, il doit également être bon, lorsqu'il s'agit de donner aux privilèges, basés sur une convention expresse ou tacite de gage, la préférence sur les autres privilèges de l'article 2102, si toutefois les conditions requises sont remplies.

La loi elle-même nous en a donné un exemple dans l'article 2102, 4 alin., 3 paragraphe ; et nous n'avons fait que généraliser cette décision.

Voici donc en résumé le classement que nous faisons des privilèges qui portent sur les meubles :

1° Les frais de justice.

2° Les privilèges spéciaux de l'article 2102.

3° Les autres privilèges généraux de l'article 2101.

Quant aux privilèges spéciaux de l'article 2102, voici comment nous les classons entre eux :

1° Le privilège de celui qui a conservé le gage commun, lorsque tous les créanciers privilégiés sans distinction en ont profité.

2° Le privilège basé sur une constitution expresse ou tacite de gage, lorsque le gagiste est de bonne foi, sauf les cas prévus par l'article 2102, 1 alin., 4 paragr.

3° Le privilège fondé sur la mise d'une valeur dans le patrimoine du débiteur commun.

CHAPITRE III

DU CLASSEMENT DES PRIVILÉGES QUI PORTENT SUR LES IMMEUBLES

La loi dans l'article 2103 énumère cinq priviléges grevant soit un ou plusieurs immeubles soit un ensemble d'immeubles.

Mais en réalité il n'y en a que trois. Les deux autres ne sont que le résultat de l'application d'une théorie que nous avons sommairement examinée, celle de la subrogation.

Ces trois priviléges sont :

1° Le privilége du vendeur sur l'immeuble vendu pour le paiement du prix ; (article 2103, 1 alin).

2° Celui des co-héritiers ou mieux des co-partageants sur les immeubles de la succession pour la garantie des partages faits entre eux, et des soultes ou retour de lots. — Ajoutons suivant l'article 2109 : le privilége du co-partageant sur le bien licité pour le prix de la licitation.

En disant *co-partageants* au lieu de *co-héritiers*, ainsi que le porte l'article 2103 , nous complétons ce texte par l'article 2109, lequel débute en ces termes :

« Le co-héritier ou *co-partageant* conserve son privilége ».

3° Le privilége des architectes, entrepreneurs, maçons et autres ouvriers employés pour *édifier*, *reconstruire ou réparer* des bâtiments, canaux ou autres ouvrages quelconques . . . . . . sur la plus-value existante à l'époque de l'aliénation de l'immeuble et résultant des travaux qui y ont été faits. (article 2103, 4 alin.)

Sur le classement de ces divers privilèges, le Code ne s'est expliqué qu'en ce qui concerne le concours de plusieurs personnes qui ont vendu successivement le même immeuble.

Nous avons déjà parlé de cette décision, et nous l'avons appliquée au cas des ventes successives du même meuble, en réservant le principe de l'article 2279, 1 alin., auquel le second alinéa apporte quelques exceptions.

Le texte qui contient cette décision s'exprime ainsi :

« S'il y a plusieurs ventes successives dont le prix soit dû en tout ou en partie, le premier vendeur est préféré au second, le deuxième au troisième, et ainsi de suite »,

(article 2103, 1 alin., 2ᵉ paragr.)

Quel est donc le motif de ce classement ?

Nous le connaissons déjà, puisque nous avons dû par anticipation commenter ce texte.

Le motif qui fait préférer le premier vendeur aux vendeurs successifs, c'est que ces derniers *ont profité* de la valeur mise par le premier dans le patrimoine du débiteur commun.

Le même raisonnement peut-être fait à propos de chacun des vendeurs successifs :

Chacun d'eux, primé par ceux qui le précèdent, primera tous ceux qui le suivent. N'a-t-il pas effet *profité* du fait de ses prédécesseurs, tandis que ceux qui ont vendu l'immeuble, que lui-même avait déjà vendu, ont à leur *tour tiré profit* de son propre fait ?

Or il est de principe que si, de plusieurs créanciers privilégiés, l'un deux *a tiré profit* du fait de l'autre, celui-là soit primé par celui-ci.

Attachons-nous maintenant aux privilèges que le législateur n'a pas classés.

Mettons d'abord de côté les cas de subrogation dont parle l'article 2103, savoir : le privilège du vendeur ou du constructeur qui passe par ce moyen, à celui qui fournit les deniers pour solder le prix de l'immeuble, ou pour payer les salaires dus aux constructeurs.

La loi ne dit rien du privilège des co-partageants, mais évidemment la théorie de la subrogation peut également s'appliquer ici, puisque c'est le droit commun.

Il va de soi que le bailleur de fonds, subrogé à l'un quelconque de ces trois créanciers privilégiés, ne doit pas avoir plus de droits que le créancier qu'il a désintéressé, car : « *nemo plus juris ad alium transferre potest, quam ipse habet* ».

Nous assignerons donc au subrogé le même rang qu'au subrogeant, puisqu'il est au lieu et place de ce dernier.

La subrogation n'est-elle pas une *cession fictive*, sinon de la créance elle-même, du moins de ses accessoires ? Comment dès lors traiter le cessionnaire autrement que le cédant, du moins quant au rang du privilège cédé ?

Si le conflit s'élève entre le subrogé et le subrogeant, le subrogeant l'emportera, car : « *nemo contrà se subrogasse censetur* » (article 1252 du Code civil).

Il ne reste donc que les trois privilèges du vendeur, du co-partageant et du constructeur.

Tous trois sont basés sur la *versio in rem*, c'est-à-dire sur *la mise d'une valeur dans le patrimoine du débiteur.*

Aussi, conformément aux principes que nous avons exposés, nous donnerons à celui qui est la cause de cette *versio in rem*, la préférence sur les autres créanciers privilégiés, puisque ceux-ci *en ont profité.*

C'est ainsi qu'entre plusieurs vendeurs successifs du même immeuble, la loi préfère celui qui le premier a vendu.

Le privilège du co-partageant repose sur une base semblable à celle du privilège du vendeur, puisque chaque co-partageant a consenti à ce qu'une certaine valeur fut considérée comme la propriété exclusive de son co-propriétaire par indivis.

A cause de cette similitude de cause, nous appliquerons au privilège du co-partageant la règle donnée par le législateur pour le privilège du vendeur.

Ainsi ceux qui auront participé à un premier partage l'emporteront sur ceux qui auront procédé à un partage postérieur.

Nous n'avons qu'à supposer un premier partage entre plusieurs souches d'héritiers, et, dans l'une des souches, un second partage entre les membres de cette souche. Un immeuble, grevé d'une soulte au profit de l'un des premiers co-partageants, a été compris dans le second partage, et grevé d'une autre soulte. Le co-partageant, créancier de la première soulte, l'emportera sur le co-partageant créancier de la seconde, parceque sans le premier partage, le second n'eût pas eu lieu. Celui, qui a participé au second partage, *a donc profité* du premier partage ; et dès lors l'équité exige qu'il soit primé par celui qui a pris part au premier partage.

Si maintenant nous opposons le privilège du vendeur à celui des co-partageants, la même règle pour le même motif sera applicable :

« *prior tempore, potior jure* ».

Le vendeur l'emportera évidemment sur ceux qui ont partagé l'immeuble vendu, sans en avoir payé le prix. Ceux-ci, en effet, n'ont-ils pas *tiré profit* de cette *versio in rem* ?

Enfin nous voici en présence du privilège du constructeur sur la plus-value résultant de ses travaux et existante à l'époque de l'aliénation de l'immeuble.

En suivant le principe qui donne la priorité à celui qui est cause qu'une valeur se trouve dans le patrimoine du débiteur, nous mettrons toujours en première ligne le privilège du constructeur, car sur la plus-value créée par son travail, il n'est pas de créancier plus ancien que lui.

Son privilège, en effet, prend naissance sitôt les travaux terminés ; et à ce moment aucun privilège n'a pu grever la plus-value qui en résulte, puisqu'elle n'a pris une consistance définitive qu'à une époque où le privilège du constructeur l'a déjà saisie.

Voici donc le classement que nous proposons des privilèges spéciaux grevant les immeubles :

1° Le privilège du constructeur sur la plus-value.

2° Le privilège du vendeur.

3° Le privilège des co-partageants.

4° Entre plusieurs vendeurs : le privilège du premier.

3° Entre plusieurs co-partageants : le privilège de ceux qui ont participé au premier partage.

CHAPITRE IV ET DERNIER

DES PRIVILÈGES QUI S'ÉTENDENT SUR LES MEUBLES ET LES IMMEUBLES

Lisons les articles 2104 et 2105 du Code civil :

ARTICLE 2104 : « Les privilèges qui s'étendent sur les meubles et les immeubles sont ceux énoncés en l'article 2101 »,

ARTICLE 2105 : « Lorsque à défaut de mobiliers les privilèges énoncés en l'article précédent se présentent pour être payés sur le prix d'un immeuble en concurrence avec les créanciers privilégiés sur l'immeuble, les paiements se font dans l'ordre qui suit :

1° Les frais de justice et autres énoncés en l'article 2101.

2° Les créances désignées en l'article 2103.

Observons que ce dernier texte n'exige point que les créanciers à privilèges spéciaux sur l'immeuble requièrent la discussion du mobilier, en avancent les frais et indiquent les biens à discuter, ainsi que la caution y est obligée.

Les créanciers privilégiés de l'article 2101 doivent d'eux mêmes discuter le mobilier, s'ils veulent primer sur l'immeuble les créanciers à privilèges spéciaux.

Il est essentiel de remarquer que la constatation préalable de l'insuffisance du mobilier n'est pas *une condition de l'existence* du privilège subsidiaire des créanciers de l'article 2101 en présence des créanciers de l'article 2103, mais qu'elle n'est qu'une *condition de priorité*.

La loi du 11 Brumaire, an VII subordonnait *l'existence* même du privilège à la condition de la discussion préalable du mobilier.

Mais son texte était formel en ce sens, tandis que celui du Code est loin de l'être. Il ne parle que *du rang*, ainsi que le prouvent les termes suivants de l'article 2105, 1er alinéa, *in fine* :

« .... les paiements se font dans l'ordre qui suit : »

Si donc les créanciers de l'article 2101 négligent de discuter le mobilier, ils seront bien primés sur le prix de l'immeuble vendu, par les créanciers à privilèges spéciaux grevant cet immeuble ; mais ils primeront les créanciers chirographaires. Car si ceux-ci n'avaient pas rencontré ceux-là sur le prix de l'immeuble, ils les auraient rencontrés sur le mobilier, sans plus de chances d'être payés.

Si nous supposons le concours des privilèges de l'article 2101 avec des créanciers hypothécaires, il semble que ceux-ci doivent pouvoir invoquer la non-discussion du mobilier. Sinon ils seraient à la merci de ces créanciers privilégiés, libres de favoriser ainsi les créanciers chirographaires au détriment des créanciers hypothécaires.

Il n'en est rien cependant, puisque nous avons établi que c'est la *priorité* qui est subordonnée à la discussion préalable du mobilier, et *non l'existence* du privilège général qui porte subsidiairement sur le prix de l'immeuble vendu.

Nous avons ainsi terminé notre dissertation sur le classement des privilèges.

Nous pensons avoir démontré qu'il faut, abstraction faite de la généralité ou de la spécialité des biens sur lesquels portent ces privilèges, les classer suivant *leur qualité*, c'est à-dire la *cause de la faveur légale* :

« *Privilegia non ex tempore æstimantur, sed ex causâ.* »

Quant aux privilèges, dont la cause est identique, l'article 2097 d'une manière générale, et d'une manière spéciale l'article 2101 en ce qui concerne les privilèges généraux sur les meubles, ces textes nous ont montré qu'il fallait les faire concourir.

Il n'y a pas de raison pour qu'il en soit autrement des privilèges spéciaux sur immeubles de l'article 2103 :

« Privilegiatus non habet privilegium contrà æque privilegiatum ».

« Privilegia, si ejusdem tituli fuerant, concurrunt, licet diversitates temporis in his fuerint ».

FIN

POSITIONS

DROIT ROMAIN

1° Le mariage à Rome se formait par le consentement des parties, corroboré par la mise de la femme à la disposition du mari.

2° La « *gentilitas* » supposait une famille supérieure et une famille inférieure, celle-ci se rattachant à celle-là par les liens de la clientèle ou ceux du patronage.

3° La propriété foncière étant regardée comme une concession de l'État, les particuliers à Rome pouvaient être expropriés sans indemnité aucune.

4° La prohibition d'hypothéquer le fonds dotal provient du sénatus-consulte Velleien de l'an 46 de l'ère chrétienne, sous l'empereur Claude.

DROIT CIVIL FRANÇAIS

1° La constitution de la dot est un acte à titre onéreux tant à l'égard de la femme qu'à l'égard du mari ; mais à titre gratuit à l'égard du tiers constituant.

2° Si les époux sont mariés sous le régime dotal, et si un immeuble a été constitué en dot, le mari n'a pas le droit d'engager l'excédant des revenus de ce fonds sur les besoins reconnus du ménage. Après la séparation de biens. la femme n'a pas davantage ce droit.

5° La revendication de l'article 2102, 4° alin., 2° paragr., c'est la « *vindicatio pignoris* » ou revendication du droit de rétention.

DROIT CRIMINEL

1° Le condamné à une peine afflictive perpétuelle perd la jouissance même des droits de disposer et de recevoir par donation ou testament.

2° L'expiration du délai de cinq ans, qui suit l'exécution par effigie d'un condamné par contumace à une peine afflictive perpétuelle, rend définitive la triple incapacité qui, depuis la loi du 51 mai 1854, a remplacé la mort civile, et qui, comme elle, frappe le condamné après ces cinq ans.

HISTOIRE DU DROIT FRANÇAIS

1° La communauté entre époux a des origines serviles.

2° L'origine des fiefs est dans la convention prétorienne du Précaire.

DROIT ADMINISTRATIF

1° Si un établissement, même classé, cause à des tiers un préjudice excédant les obligations ordinaires du voisinage, ces tiers peuvent toujours se pourvoir en dommages-intérêts devant l'autorité judiciaire.

2° Les rivières non navigables ni flottables appartiennent aux propriétaires riverains.

LE PROFESSEUR PRÉSIDENT DE LA THÈSE,

G. BRY.

Vu et permis d'imprimer,
Le Recteur de l'Académie,
Chevalier de l'ordre national de la Légion d'Honneur,

BELIN